HR如何高效利用

DeepSeek

徐渤 江海军 林钊宇 陈磊 徐飞 著

清华大学出版社
北京

内 容 简 介

本书聚焦人工智能大模型在人力资源管理领域的应用，以DeepSeek为核心工具，系统拆解其在人力资源管理各主要环节的深度应用方法。DeepSeek作为先进的人工智能模型，凭借强大的数据分析与智能决策能力，为人力资源从业者提供了高效的数字化解决方案。

全书围绕招聘管理、薪酬绩效体系建设、人才发展规划、企业组织变革、人力资源制度优化及战略规划等核心业务场景，详细阐述如何通过DeepSeek实现工作效能的全面提升。

本书兼具理论深度与实践价值，通过详尽的应用逻辑解析、丰富的实操指导和真实案例分析，帮助读者快速掌握人工智能技术在人力资源管理中的应用方法。本书适合HR从业者以及人工智能爱好者阅读。

本书封面贴有清华大学出版社防伪标签，无标签者不得销售。
版权所有，侵权必究。举报：010-62782989，beiqinquan@tup.tsinghua.edu.cn。

图书在版编目（CIP）数据

HR如何高效利用DeepSeek / 徐渤等著.

北京：清华大学出版社，2025.7. -- ISBN 978-7-302-69608-7

I. F243-39

中国国家版本馆CIP数据核字第2025Y3R965号

责任编辑：施　猛
装帧设计：熊仁丹
责任校对：马遥遥
责任印制：宋　林

出版发行：清华大学出版社
网　　址：https://www.tup.com.cn，https://www.wqxuetang.com
地　　址：北京清华大学学研大厦A座　　　邮　编：100084
社 总 机：010-83470000　　　　　　　　　邮　购：010-62786544
投稿与读者服务：010-62776969，c-service@tup.tsinghua.edu.cn
质 量 反 馈：010-62772015，zhiliang@tup.tsinghua.edu.cn

印 装 者：三河市东方印刷有限公司
经　　销：全国新华书店
开　　本：185mm×260mm　　　印　张：16　　　字　数：320千字
版　　次：2025年7月第1版　　　印　次：2025年7月第1次印刷
定　　价：68.00元

产品编号：112745-01

序 言

温暖相伴，见证成长。

亲爱的HR，你是否会因为以下场景感觉到迷茫和无助？你是否有过面对绩效流于形式主义，拼命谏言之后却因为管理者不理解让努力付之东流？你是否有过这样的经历：想要从密密麻麻的表格数据中找到组织、人才、绩效、薪酬的破局之法，却因为个人专业限制不知如何解读？你是否有过这样的遭遇：想在管理层面前证明HR的价值不止于事务性工作，但查阅一堆资料却依然无法将业务目标拆解为岗位目标？

我们懂你的挣扎，更懂你的不甘。

作为陪伴HR成长的专业平台，我们网站见证了太多像你一样的同行：每天在考勤核算、合同归档中循环往复，却在年终汇报时发现自己的贡献难以量化；明明洞察到组织的人才断层，却因缺乏专业工具和方法，无法将改进的想法转化为行动方案。这些痛点，正是我们创作这本书的初心——让每一位HR都能手握AI工具，从琐碎中突围，在数据中觉醒，使AI成为企业不可替代的战略伙伴。

这不是一本冰冷的技术操作手册，而是一份带着温度的成长指南。书中每个章节都源自真实场景：当你苦恼于业务部门质疑人才盘点不够专业时，DeepSeek能通过"胜任力词典"智能生成面试评估表，让评价标准清晰可见；当你面对高管对HR价值的误解时，AI工具三分钟输出的组织诊断报告，就是最有力的专业证明；当你想搭建培训体系却无从下手时，它早已根据员工绩效数据，为你规划出个性化的成长路径……这些案例中的主人公，或许就是明天的你。

我们深知中小微企业HR的困境：一人身兼数职，既要精通劳动法又要懂薪酬设计，既要推动变革又要平衡员工关系。但请相信，努力奋斗的你值得拥有更高效的工具，为报表焦头烂额的你应该获得洞察数据的自由，渴望突破的你配得上战略层的掌声。DeepSeek就像一位永不疲倦的伙伴，它不替代你的专业判断，而是帮你从重复劳动中解放双手，把时间留给真正创造价值的事——成为懂业务、懂战略、懂人性的HR专家。

中小企业HR往往要面对一人分饰多角的"极限挑战"：上午化身劳动法专家处理劳动仲裁，下午切换成培训师带新员工破冰，深夜还要为明天的人才盘点会准备八套报表。

在这种状态下，"战略性工作"似乎永远停留在待办清单的末尾。但我们想告诉你一个秘密：那些让你疲惫的事务性工作，恰恰藏着最珍贵的转型契机。输入每日的入、转、调、离原始数据和公司现状，DeepSeek能帮助你生成部门人才培养规划。输入每个月收集来的绩效考核表，DeepSeek可以帮助你进行绩效数据解析并编制绩效改进方案。

此刻翻开这本书的你，正在做一件了不起的事：不是被动等待被看见，而是主动创造被需要的价值。当你用AI工具十分钟完成过去三小时的基础工作时，当你拿着智能生成的人才梯队分析向管理层汇报时，当你能从组织发展的高度提出系统性建议时——那些曾困住你的表格、流程、琐事，都会成为你工作进阶的阶梯。

你走的每一步，都通往理想中的自己！

在创作这本书的日子里，我们收到过127位HR的来信：

"今天用DeepSeek生成的关键岗位人才画像，让业务总监第一次对我说'专业'。"——某二线城市销售公司HR主管

"我真的试了一下，让AI帮我做了一份下半年人力资源战略规划，CEO亲自找我谈话了！我应该升职有望！"——某生物科技公司HR经理

"看着AI自动生成的继任者发展路径，突然觉得自己在改变组织的DNA。"——某医疗集团组织发展专家

这些闪着光的瞬间，让我们更加坚信：每个HR心底都住着一位战略家，只是需要一把打开枷锁的钥匙。

此刻你捧着的不仅是一个工具，更是一份HR成长计划：

第1周 你会惊讶于十分钟搞定全天事务性工作的效率；

第1个月 你将开始享受用数据说服管理层的成就感；

第90天 当业务部门主动找你商讨人才战略时，请对自己说："这一天，我值得！"

感谢所有信任我们的HR伙伴，是你们在社群里分享的每一个真实案例，让我们看到技术赋能的可能。向那些率先将DeepSeek应用于实践的先驱者们致敬，你们在试错中积累的经验，已成为照亮同行的明灯。愿这本书能像春天播下的种子，在你们深耕的土壤里，长出属于HR的参天大树。

现在，是时候让AI替你完成那些可以标准化的工作，让你去完成那些只有"人"才能做到的事：理解业务战略背后的组织诉求、设计直击痛点的柔性变革方案、在每一次人才决策中注入人性的温度。

翻过这一页，你会遇见全新的自己：

一个从执行者蜕变为设计者的你，

一个用专业赢得尊重的你，

一个真正站在企业经营高度思考的你。
这条路或许不易，但请记住：
你不必独自奔跑，
因为我们始终在这里，
见证你每一次的破茧成蝶。
期待三个月后，听到你笑着说："原来我真的可以。"

徐渤BOBO（三茅人力资源网）

2025年夏

目 录 / CONTENTS

第1章 AI为人力资源工作赋能

第1节　DeepSeek是什么　002

第2节　HR使用AI时的误区　005

第3节　DeepSeek的核心能力及其在中小企业人力资源管理中的应用　007

第4节　部署高度稳定的AI工具　010

第5节　RTRF提示法：让对话效率倍增　012

第6节　关于优化对话设置的说明　017

第2章 AI在招聘链路中的嵌入运用

第1节　用DeepSeek辅助中小型企业完成敏捷型任职资格与核心胜任力模型设计　022

第2节　架构精准人才画像　049

第3节　基于人才画像的人才筛选面试　061

第4节　简历精准筛选——快速提升招聘效率　071

第5节　从数据到决策——构建招聘数据分析体系　076

第3章 AI与薪酬、绩效的深度融合

第1节　绩效数据分析　088

第2节　员工个人绩效数据分析与个人绩效改进措施　096

第3节　从成功案例中总结经验，从失败案例中找关键节点——绩效复盘　105

第4节　快速反应的绩效KPI调优机制让复盘更有意义　111

第5节　从直觉定薪到科学定薪——岗位价值评估实操　117

第6节　薪酬优化的破局之路　130

第4章 AI赋能人才发展体系

第1节 星芯科技的人才破局：从困境到盘点的第一步 140
第2节 从双维人才盘点走向三维立体人才评估 152
第3节 会议室里的战略共识——让人才策略变成企业发展的秘密武器 163
第4节 基于绩效改进的人才培训计划 168

第5章 AI赋能下的组织变革与战略解码

第1节 破局之路：智创未来的架构革新之旅 176
第2节 从战略困境到解码破局 184
第3节 从人才困境到规划新生：工具赋能下的关键突破 191

第6章 制度体系优化

第1节 用DeepSeek从数据中找突破点 200
第2节 用DeepSeek赋能特殊场景下的管理实践 208
第3节 让AI成为你的法务经理 212

第7章 AI在人力资源战略规划中的应用

第1节 从经营战略到人力资源年度规划 220
第2节 在编制与人效的动态平衡中构建战略人力资本模型 232

第8章 DeepSeek职场应用准则与场景实践

第1节 DeepSeek实操规范与关键注意事项 238
第2节 DeepSeek业务场景训练资料与提示词示例 240
第3节 DeepSeek12种提示词框架 240

第 1 章
AI为人力资源工作赋能

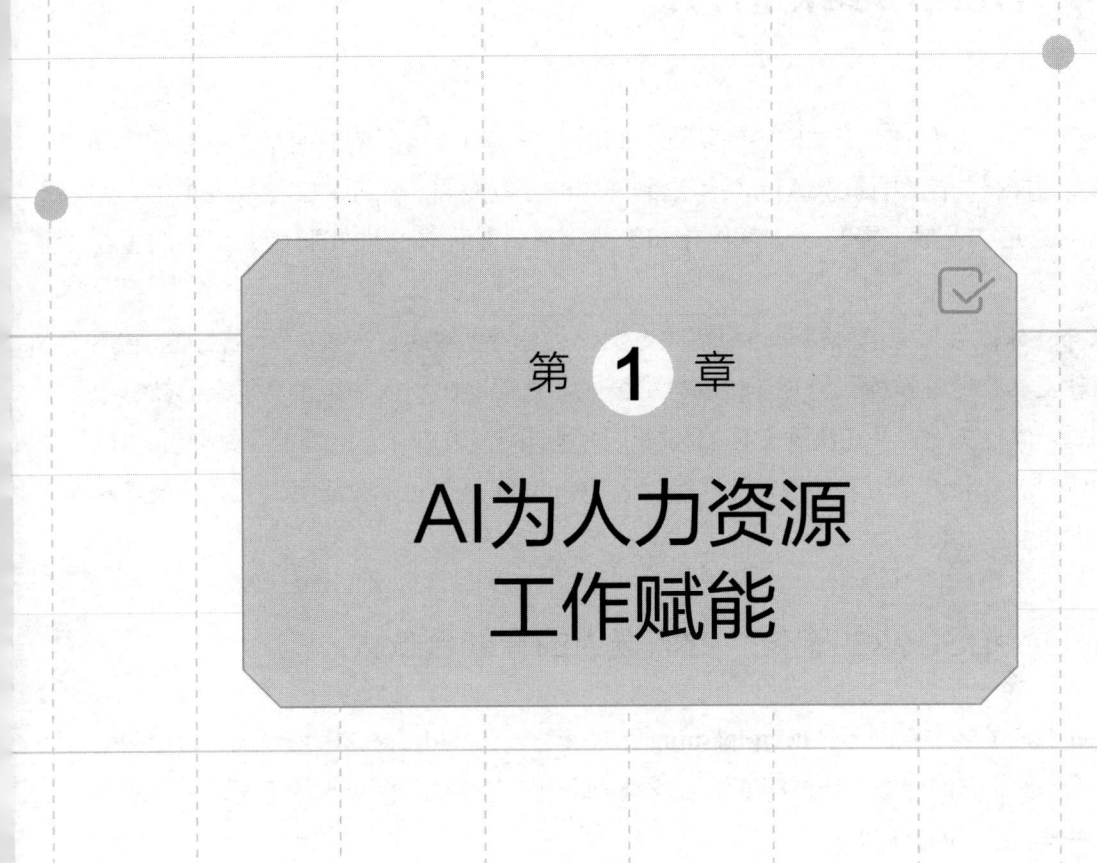

第1节　DeepSeek是什么

随着人工智能（AI）技术的突飞猛进，职场正在经历一场深刻的变革。从数据驱动的决策到智能化的流程优化，AI开始渗透到工作的方方面面。然而，在这场变革中，如何通过AI真正实现效率提升、创意优化和价值创造，是许多企业和职场人面临的重要问题。

DeepSeek作为深度学习驱动的AI解决方案，正是为了应对这一挑战而设计的。它不仅是一款工具，更是一种职场智能化的思维模式。它帮助职场人和组织从复杂的数据中发现问题、优化决策，并在快速变化的环境中找到新的突破口。无论是企业领导者、HR（人力资源）从业者，还是其他普通职场人，DeepSeek都致力于赋能每个人，让技术真正成为推动企业发展的动力。

1.1.1　DeepSeek的定位：做职场人的智能合伙人

DeepSeek的名字来源于"deep learning"（深度学习）和"seek"（寻找），这两个词精准地体现了它的定位：通过深度学习技术帮助用户"寻找"深层次的答案，并从复杂的数据中发现潜在的价值。

不同于传统的AI工具，DeepSeek的目标不仅是节省用户的时间和精力，更是通过深刻的洞察力和智能化建议，帮助用户在复杂的职场环境中做出更高质量的决策。它不仅是数据处理工具，更是职场人的智能合伙人，为人们提供全面的支持。

DeepSeek的定位包括以下几个。

（1）知识的洞察者。通过强大的数据处理与分析能力，帮助用户从海量信息中提炼出对他们最有价值的信息。

（2）思维的扩展器。DeepSeek不仅提供答案，还通过逻辑推理和多维度分析，帮助用户拓展思维边界，发现潜在的可能性。

（3）决策的赋能者。无论是个人的职业选择，还是企业的组织优化，DeepSeek都致力于用数据驱动的方式支持每一个关键决策。

这种定位使得DeepSeek既适用于个人的职业发展，也适用于企业的战略规划。它通过技术的力量，为职场人和组织带来了全新的可能性。

1.1.2 DeepSeek的技术优势：从数据到智慧

DeepSeek的强大之处在于它不仅依赖简单的算法，而且结合了深度学习、自然语言处理（NLP）、数据挖掘和逻辑推理等多种技术，为用户提供一种真正意义上的"智慧"支持。它能够在纷繁复杂的数据中找到关联关系，为用户提供深刻的启示。以下是DeepSeek的几项技术优势。

1.深度学习与语义理解

DeepSeek能够处理复杂、多样化的数据，包括文本数据（如简历、绩效报告）、结构化数据（如员工评分、历史记录）以及行为数据（如工作模式、协作网络）。通过深度学习技术，DeepSeek不仅能理解表面信息，还能分析数据背后的深层含义。例如，它可以从一个人的职业简历中，提炼出其真实的职业发展潜力或团队适配度。

2.关联性与联想分析

职场中的数据往往是分散且孤立的，例如，绩效评分与团队协作记录之间可能没有明显的联系。然而，DeepSeek能够通过关联性与联想分析，将这些分散数据点整合起来，找到隐藏的联系。例如，它可以通过分析员工的绩效数据与领导潜力之间的关联，为企业发现未来的领导者提供依据。

3.逻辑推理与复杂问题解析

在职场中，许多问题都涉及多维度、多变量的复杂决策，例如裁员优先级的确定、员工晋升路径的规划等。DeepSeek的逻辑推理能力可以将复杂问题分解为可量化的子问题，从而生成科学合理的解决方案。例如，在裁员决策中，它可以结合员工的绩效评分、潜力评估和价值观匹配度，为企业提供裁员建议。

4.预测与优化能力

DeepSeek的预测能力基于对历史数据和行为模式的深度学习。例如，它能够预测员工的流失风险、团队协作中的潜在问题，以及未来的技能需求趋势。这种预测能力能够帮助组织提前发现问题，并采取针对性措施进行优化。

通过这些技术，DeepSeek不仅能作为工具执行人类指定的任务，更能作为人类的智能伙伴进行"思考"。它的目标不是取代人类，而是帮助人类更好地发挥自己的潜能。

1.1.3 DeepSeek对职场人的影响：从效率到价值的全面提升

DeepSeek的应用远远超出了传统AI工具的范畴。它对职场人产生以下三个方面的影响。

1.解放时间与精力，让人专注于更有价值的工作

在HR职场中，许多重复性高、事务性强的工作常常占据了大部分时间，例如筛选简历、整理数据或准备报告。DeepSeek通过其强大的智能化能力，能够帮助用户高效完成这些任务，从而将时间和精力解放出来，让HR专注于更高价值的工作。

例如：

在HR工作中，DeepSeek可以在几秒钟内完成数千份简历的筛选，自动生成候选人匹配度报告。

在团队管理工作中，DeepSeek能够快速分析团队成员的绩效表现和发展潜力，提供清晰的人才优化建议。

2.提升决策质量，减少人为偏见和错误

职场中的很多决策都涉及复杂的数据和多方面因素，而人们往往容易受到主观偏见或有限信息的影响。DeepSeek通过数据驱动的分析与逻辑推理，能够帮助用户做出更加科学和高质量的决策。

例如：

在招聘过程中，DeepSeek可以帮助HR基于数据而非直觉来判断候选人的适配度，从而减少人为偏见。

在裁员决策中，DeepSeek能够结合员工的绩效、潜力和价值观评分，生成客观的裁员建议，帮助企业在困难的选择中找到最佳平衡点。

3.拓展思维边界，发现潜在的机遇

DeepSeek不仅仅是一个执行者，它还能通过数据洞察和联想分析，帮助用户发现他们可能从未考虑过的可能性。

例如：

职场人可以通过DeepSeek分析自己的职业发展轨迹，发现哪些领域可能更加适

合自己的性格和能力。

企业可以通过DeepSeek识别出高潜力的内部人才，提前制订接班人计划或领导力培养方案。

总之，DeepSeek赋予了职场人一种全新的工作方式——更加高效、更加科学，也更加富有创造力。

1.1.4 DeepSeek的终极目标：重塑职场未来

DeepSeek的愿景不仅是成为一款优秀的AI工具，而且是成为改变职场规则的重要推动者。它通过技术力量，帮助职场人和组织在以下几个方面实现转变。

（1）从被动到主动。以数据驱动的方式，帮助用户提前发现问题和机会，而不是被动地应对挑战。

（2）从局部到全局。通过多维度的数据整合与分析，帮助用户从更宏观的视角看待问题，找到全面的解决方案。

（3）从效率到价值。不仅提升日常工作的效率，通过洞察和优化，还能帮助用户实现真正的价值创造。

DeepSeek的目标不仅是帮助用户解决问题，更是通过技术赋能，让职场人和组织能够更好地适应变化并抓住机会，实现长期的可持续发展。

第2节　HR使用AI时的误区

随着人工智能（AI）在职场中的广泛应用，越来越多的HR将其融入工作场景中，从辅助决策到简化流程。然而，由于对AI的理解和使用方式存在偏差，人们在实际操作中往往会陷入一些误区。这些误区不仅会限制AI的应用价值，还可能对工作质量和决策产生负面影响。

1.2.1 职场人使用AI的常见误区

职场人逐渐将AI作为日常工作的得力助手，应用于文案生成、数据分析和流程优化等任务。然而，在实际应用中，他们容易陷入以下几个误区。

误区1：用AI替代人类进行决策

一些职场人对AI寄予过高的期望，认为它能够完全替代人类的判断力，甚至在重大决策上完全依靠AI提供的建议。例如，在选择营销策略或制订项目计划时，他们可能直接采纳AI的方案，而忽略了自身对行业动态、团队需求和业务背景的判断。

然而，AI的分析和建议本质上是基于历史数据和既定模型生成的，缺乏对动态变化和复杂人性化因素的理解。如果职场人忽略了独立思考的重要性，可能导致决策缺乏灵活性，甚至错失关键机会。

误区2：认为AI只适合技术型操作

许多职场人倾向于将AI的功能限定在"技术型任务"上，例如生成代码、制作PPT或优化表格数据。这种思维忽视了AI在更高层次场景中的潜力，例如战略分析、创意生成或用户需求洞察。

事实上，AI不仅能够执行具体的操作性任务，还可以通过大数据分析和趋势预测，为职场人提供高价值的辅助支持。从更广的视角来看，AI是一个全局性工具，而非仅限于"技术操作"的小工具。

误区3：将AI视为"一次性解决方案"

一些职场人在使用AI时，把它当成"完成任务的工具"而非"持续优化的助手"。例如，他们用AI生成一份文档后，可能直接采纳结果，而没有尝试调整输入参数、验证输出质量或探索AI的更深层次功能。

实际上，AI的真正优势在于其动态调整和持续优化的能力。通过提供反馈、重新设计问题或输入新的数据，用户可以让AI提供更精准、更符合实际需求的结果。如果将AI仅仅视为"一次性工具"，便无法充分发挥其潜力。

1.2.2 HR使用AI的常见误区

在人力资源管理中，AI工具已经成为许多HR的得力助手，从简历筛选到绩效分析，AI的应用场景越来越广。然而，由于对AI功能和定位的理解存在偏差，HR在使用AI时更容易陷入以下误区。

误区1：将AI当成关键词筛选工具

在招聘场景中，许多HR使用AI筛选简历时，仅依赖关键词匹配功能。例如，他们可能设定"领导力""跨部门协作"等关键词，让AI筛选出包含这些词的简历，而忽略了简历内容的上下文和候选人的潜在能力。

这种机械式筛选方式不仅可能遗漏优秀候选人，还可能导致招聘结果过于单一，难以满足岗位的实际需求。HR需要认识到，AI的筛选能力不仅局限于关键词匹配，还可以通过语义分析和模式识别，帮助识别更多有潜力的候选人。

误区2：将AI当成搜索引擎使用

相比职场人，HR在使用AI时更容易将其当成搜索引擎。例如，他们可能向AI提出诸如"谁是最适合这个岗位的候选人"或"如何提高员工敬业度"这样的问题，并期望AI立刻给出明确且完美的答案。

然而，AI的本质是一个"生成工具"而非"搜索工具"。它的回答基于训练数据，可能看似合理但并不完全准确，甚至会出现严重的偏差或事实错误（即AI幻觉）。这种使用方式不仅无法满足HR的实际需求，还可能导致他们在招聘或管理决策中被误导。

误区3：忽视人性

AI在招聘中可以通过数据分析和逻辑推理，帮助HR筛选出符合基本条件的候选人。然而，在评估候选人的文化适配性、团队协作能力或领导潜力等软性指标时，AI仍存在较大局限性。

一些HR可能过度依赖AI的筛选结果，而忽略了对候选人的实际面试和主观评估。招聘不仅是数据驱动的过程，更是人性判断的艺术。忽视这些软性因素，可能导致错失那些简历表现普通但在实际工作中潜力巨大的候选人。

误区4：忽视数据隐私与安全问题

HR在使用AI时，往往需要上传大量候选人或员工的敏感数据。然而，一些HR未能重视数据隐私保护，例如直接将未加密的个人信息上传至AI工具，或使用不符合合规标准的第三方平台。

这种不当行为可能引发严重的法律和道德问题，例如数据泄露或隐私侵权。同时，数据安全问题还可能影响员工或候选人对企业的信任，进而对企业形象造成负面影响。

第3节　DeepSeek的核心能力及其在中小企业人力资源管理中的应用

DeepSeek作为一款智能工具，具备强大的逻辑分析、关联性联想、数据解析和趋势预测等能力。这些能力在中小企业HR的日常工作中展现了极大的实用价值。从招聘到绩效管理，再到组织优化和文化建设，DeepSeek为中小企业HR提供了高效、精准的解决方案。以下将结合DeepSeek的核心能力，详细说明其在中小企业HR管理中的具体应用。

1.逻辑分析与解析能力

DeepSeek的逻辑分析与解析能力能够帮助HR从复杂的多维数据中提取关键信息，支持科学决策。这种能力在招聘、绩效评估和裁员决策中尤为重要。

应用场景：

（1）人才画像与招聘匹配。中小企业HR通常面临招聘资源有限的挑战。DeepSeek能够通过解析候选人的简历、测评数据和行为特征，生成精准的人才画像。通过匹配岗位需求，DeepSeek可以帮助HR推荐技术能力强、文化适配度高的候选人，从而避免招聘失误造成的资源浪费。

（2）裁员指数分析。在组织调整中，DeepSeek可以综合员工的绩效评分、潜力评估和价值观匹配度，计算裁员指数，帮助HR科学决策。例如，它可能建议保留潜力高、绩效优秀的员工，并为裁员提供数据支持，从而确保决策的公平性和合理性。

2.关联性与联想分析能力

DeepSeek能够在看似无关的数据中发现隐藏的关联性，并基于这些关联提出创新性的解决方案。这种能力在绩效改进、人才培养和组织优化中表现尤为突出。

应用场景：

（1）绩效改进计划。中小企业HR需要通过精准的绩效管理提升团队效率。DeepSeek可以分析员工的绩效数据、任务完成率和团队反馈，发现低绩效的原因，并生成个性化的改进计划。例如，它可能建议HR为销售人员提供谈判技巧培训，或为技术人员提供最新工具的学习课程，从而帮助员工快速提升能力。

（2）组织结构优化。DeepSeek可以分析各部门的工作效率、职责分布和资源利用情况，发现组织结构中的优化空间。例如，它可能建议合并职责重复的岗位，或重新分配团队资源，以提升整体效率，减少人力资源浪费。

3.数据解析与洞察能力

DeepSeek能够快速解析海量数据，生成分析结果，帮助HR从繁杂的信息中找到关键问题，优化决策。这种能力在人才发展规划和绩效评估中尤为重要。

应用场景：

（1）潜力评估与梯队建设。中小企业通常缺乏系统的梯队建设。DeepSeek能够通过解析员工的胜任力数据、领导力潜力和技能，帮助HR识别高潜力员工，并为其设计晋升路径。例如，它可能建议某位具备管理潜力的员工参与领导力培训计划，为企业储备未来的管理者。

（2）技能缺口分析与发展规划。DeepSeek可以根据企业的未来发展需求，分析现有员工的技能储备，识别关键技能缺口。例如，当企业计划拓展线上业务时，DeepSeek可能建议HR提前储备数据分析师或电商运营人才，并生成针对性的技能发展计划。

4. 实时预测与趋势分析能力

DeepSeek能够通过实时数据监测和历史数据建模，预测未来趋势，为HR提供前瞻性的人才规划和战略支持。这种能力特别适用于中小企业快速发展的场景。

应用场景：

（1）未来岗位需求预测。DeepSeek能够结合行业数据和企业发展方向，预测未来可能需要的新岗位和关键技能。例如，它可能指出企业需要在数据分析、人工智能或国际业务领域增加招聘人数，从而帮助HR提前做好准备。

（2）员工离职风险预测。中小企业的员工流失率对企业稳定性影响较大。DeepSeek能够通过分析员工的行为数据、满意度和绩效趋势，预测其离职风险，并建议HR采取干预措施，例如提供晋升机会或改善工作环境，从而减少人才流失。

5. 情感与文化适配分析能力

DeepSeek能够通过语言和行为数据分析，识别员工的情绪状态及文化适配度，从而帮助HR在团队管理和文化建设中更有针对性。

应用场景：

（1）员工情绪监测与团队支持。中小企业由于团队规模较小，员工情绪对整体氛围和工作效率的影响更为显著。DeepSeek可以通过分析员工反馈、满意度调查和日常沟通数据，监测团队情绪状态。例如，当某个团队的情绪指数下降时，它可能建议HR采取措施，如安排团队建设活动或调整工作任务，以改善团队氛围。

（2）文化适配分析。在招聘或团队整合中，DeepSeek可以分析候选人或新员工的价值观和行为特征，判断其是否适应企业文化。例如，它可能建议HR为某位新员工安排文化融入计划，帮助其更快适应团队环境，从而提升团队凝聚力。

6. 创意与创新生成能力

DeepSeek不仅擅长数据处理，还能够通过复杂建模提供创新性的解决方案，这种能力在中小企业的挑战性任务中尤为实用。

应用场景：

（1）招聘文案优化。中小企业HR常常需要吸引更多优质候选人。DeepSeek可以生成创意十足的招聘文案，凸显企业独特的文化和岗位优势，从而在竞争中脱颖而出。

（2）培训计划设计。在制定员工培训方案时，DeepSeek能够基于员工反馈生成创新性的学习路径，例如设计互动性更强的培训课程或推荐适合不同员工的学习方法。

第4节 部署高度稳定的AI工具

1.DeepSeek网页版部署与使用

DeepSeek官方提供了便捷的网页版服务，对于初次接触AI工具或追求简便操作的用户来说，这是一个理想的选择。以下是使用DeepSeek网页版的详细步骤。

（1）访问官方网站。打开浏览器，输入DeepSeek的官方网址（deepseek.com）。首次访问时，网站会引导你完成注册流程。

（2）注册账号。点击网页右上角的"注册"按钮，填写基本信息（邮箱、密码等）并验证邮箱。也可以选择使用微信、Google或Apple账号直接登录，简化注册过程。

（3）选择适合的模型。登录后，在主界面选择"DeepSeek R1"模型，这是目前具备深度思考能力的版本。

（4）开始对话。在输入框中输入你的问题或指令，点击发送按钮或按Enter键提交，DeepSeek会进行处理并给出回应。

（5）功能探索。熟悉界面上的各项功能，如历史对话查询、主题切换、文件上传等。网页版支持直接上传文档，方便进行文本分析和处理。

（6）体验免费额度。DeepSeek网页版为用户提供一定的免费使用额度，可以满足日常基本需求。当免费额度用尽后，可以考虑升级到付费版本以获取更多功能。

使用DeepSeek网页版的优势在于无须安装任何软件，只要有网络和浏览器即可使用。此外，网页版会自动更新到最新版本，确保用户始终能够体验到最新的功能。

然而，网页版也存在一些局限性，如在网络不稳定的情况下可能会出现响应延迟或连接中断的问题。因此，对于需要长时间稳定使用AI工具的用户，可以考虑结合使用网页版和第三方客户端工具。

2.第三方工具部署实操

对于需要更稳定体验的用户，市场上有许多第三方工具可供选择，以Chatbox为例，具体操作步骤如下。

（1）安装工具。在浏览器中搜索"Chatbox"，进入官网下载并安装软件。

（2）选择模型。Chatbox平台上集成了众多AI模型，我们需要选择DeepSeek的R1版本，因为目前只有R1版本具备深度思考的功能。

（3）配置服务密钥。这一步骤需要付费获取密钥来激活软件。虽然DeepSeek本身是免费的，但第三方平台提供稳定服务需要成本，因此收费是合理的。

（4）功能验证与调优。通过连续问答来检验AI模型的稳定性。例如，询问"你是DeepSeek R1版本吗"以及"请告诉我R1版本的亮点"等问题，验证系统的响应情况。

3. 移动端应用的部署与使用

除了网页版和第三方客户端工具外，DeepSeek还提供了移动端应用，适合需要随时随地使用AI工具的用户。以下是使用DeepSeek移动端应用的步骤。

（1）下载安装。在应用商店（App Store或Google Play）搜索"DeepSeek"，下载并安装官方应用。

（2）登录账号。使用已注册的账号登录，或直接通过微信、Google或Apple账号授权登录。

（3）选择模型。与网页版类似，选择"DeepSeek R1"模型进行对话。

（4）便捷功能。移动端应用提供了一些独特的功能，如语音输入、截图识别和分享对话等，方便用户在移动场景下使用。

（5）离线模式。部分移动端应用支持下载轻量级模型，可离线使用，适合网络不稳定的场景。

移动端应用的优势在于便携性和随时可用性，特别适合需要在会议中、出差途中或其他非办公环境下使用AI工具的HR专业人士。

详细部署步骤

扫码下载[①]

[①] 请先扫描封底防盗版二维码获得授权。

第5节　RTRF提示法：让对话效率倍增

在使用AI工具时，很多人并没有充分发挥其潜力，问题主要出在提问方式上。例如，当我们需要一份招聘启事时，简单地输入"帮我想一个招聘启事"往往会得到一个通用模板，缺乏针对性和深度。同样，如果只是告诉AI"帮我设计一个新员工培训方案"，最终输出的方案也可能毫无价值。

这些问题的原因主要有三个方面：信息不全、格式混乱以及深度不足。在不了解具体情况的情况下，AI默认会从最常见的知识和最简单的回答出发来解决问题。为了解决这些问题，我们需要采用更为精细和具体的提问方式——RTRF提示法。

RTRF提示法由四个英文单词的首字母组成：R（角色）、T（任务）、R（要求）和F（格式）。通过这种方法，我们可以让AI更充分地理解我们的需求，减少其"偷懒"的情况。

（1）角色（role）。明确AI需要扮演的角色。例如，不应简单地将AI定义为助手，而应明确告知它："你是一位具备跨国并购经验的薪酬架构专家。"

（2）任务（task）。任务的下达和描述必须遵循"动词+场景+目标"的结构。例如："设计包含期权激励场景的跨国技术团队留任方案，降低核心人才三个月内的离职率。"

（3）要求（requirement）。设定具体的过滤条件，包括内容要求、表达风格和逻辑框架。由于每个人的需求各不相同，需要根据具体情况定制。

（4）格式（format）。指定输出内容的结构和呈现方式，如表格、报告或对话形式。

通过这四个部分的综合运用，RTRF提示法能够显著提升AI在HR领域的应用效果，使其成为我们工作的有力助手。

接下来，我们来看一下RTRF提示法在HR实操场景中的运用。

示例场景一：生成招聘启事

以生成招聘启事为例，对比两种不同的提问方式：

简单提问："帮我生成一个招聘启事。"

生成结果

【公司名称】诚聘【岗位名称】——加入我们，共创未来！

关于我们：

[公司名称]成立于[年份]，专注于[行业/业务领域，如：互联网科技、教

育培训、智能制造等]，致力于[公司使命/愿景，如：用创新技术改变生活方式]。我们拥有一支[团队特点，如：年轻、经验丰富、跨界多元]的团队，现因业务拓展需要，诚邀优秀人才加入！

招聘岗位：

【岗位名称】（全职/兼职/实习）

工作地点：[城市/可远程]

薪资范围：[面议/具体范围]

岗位职责：

职责1（如：负责产品市场调研与竞品分析）

职责2（如：策划并执行线上线下营销活动）

职责3（如：协助团队完成项目目标及跨部门协作）

……（根据岗位实际需求补充）

任职要求：

学历/经验（如：本科及以上学历，1年以上相关工作经验）

核心技能（如：精通AI，具备数据分析能力）

软性要求（如：逻辑清晰、抗压能力强、热爱创新）

加分项（如：有行业资源/英语流利/熟悉新媒体运营）

我们提供：

✓ 有竞争力的薪资 + 绩效奖金/年终奖

✓ 五险一金 + 带薪年假 + 节日福利

✓ 扁平化管理 + 快速晋升通道

✓ 定期培训 + 团队旅游/下午茶

✓ [其他特色福利，如：弹性工作制、股权激励等]

应聘方式：

请将简历发送至[邮箱地址]，邮件标题格式：【应聘岗位+姓名+工作经验】

联系电话：[联系人及电话]（工作日××:××-××:××）

截止日期：[如有截止时间可注明]

RTRF提示词

角色：一家跨境电商公司的资深HR招聘经理

> 任务：设计一份针对东南亚市场HRBP[①]岗位的招聘启事，吸引具有跨境电商经验的人才
> 要求：
> 突出对东南亚市场经验的要求
> 强调跨境电商物流管理经验的重要性
> 明确岗位核心能力模型
> 使用专业但不过于正式的语言风格
> 包含有吸引力的福利待遇描述
> 格式：
> 公司简介
> 岗位职责（5~7条）
> 任职要求（5~7条）
> 我们提供（4~5条福利）
> 申请方式

生成结果

【东南亚HRBP（跨境电商方向）招聘启事——带你玩转新兴市场】

▍公司简介

我们是成立8年的全球化跨境电商领跑者，业务覆盖东南亚六国市场，拥有自建智能物流仓配体系与本地化运营团队。过去三年GMV[②]年增长率超150%，正在印尼、越南加速布局新站点。

▍岗位职责

- 支持东南亚业务单元，搭建适配本土市场的人力资源解决方案
- 主导区域人才供应链建设，攻克跨境电商物流、本地化运营等岗位招聘痛点
- 设计跨文化团队管理体系，解决中、英、东南亚语系员工的协同难题
- 驱动组织效能提升，针对东南亚多国政策差异制定合规用工方案
- 构建业务导向的绩效体系，特别关注物流时效、库存周转等核心指标
- 策划本土化员工成长项目，培养具备跨境电商全链路思维的梯队人才

[①] HRBP：人力资源业务合作伙伴。
[②] GMV：商品交易总额。

- 定期进行东南亚人力市场分析，为区域扩张提供决策依据

▎任职要求（核心能力模型）

「市场基因」3年以上HRBP经验，1年以上东南亚市场实战经历，熟悉印尼/越南/泰国任一区域用工政策

「行业壁垒」有跨境电商平台或国际物流企业背景，熟悉海外仓、清关、尾程配送等关键节点

「破局思维」能快速诊断业务痛点，曾主导过跨国团队搭建或组织变革项目

「文化张力」具备跨文化敏感度，有处理多元宗教/习俗场景的成功案例

「数据武器」熟练运用人力分析模型，能结合Lazada/Shopee等平台运营数据优化人力配置

（加分项）掌握基础马来语/越南语，有TikTok电商生态人才地图建设经验者优先

▎我们提供

✓ 行业TOP30%[1]薪资包+东南亚业务增长专项奖金
✓ 每年15天带薪跨境考察期，深入雅加达/胡志明市运营一线
✓ 弹性工作制+30天远程办公配额
✓ 定制化发展路径：HRBP→东南亚区域HRD[2]→跨境人才官三级成长通道
✓ 全家桶级福利：跨境电商购物金、跨境物流免邮特权、多语种私教课程

▎申请方式

简历投递：××××@crossborderhr.com（标题：东南亚舵手-姓名-现驻地）

初筛通过后，我们将安排业务负责人和现任东南亚HRBP进行「实战情景模拟」面试

加入我们，用人力资源管理重新定义东南亚电商战场！

通过RTRF提示法，你会发现DeepSeek生成的招聘启事更加符合具体需求，包含东南亚市场经验、跨境电商物流管理经验等关键要素，而不是一个泛泛而谈的通用模板。

示例场景二：新员工培训方案设计

在设计新员工培训方案时，可以这样应用RTRF提示法。

---

[1] TOP30%：排名前30%，本书中后续类似表述参照此义。
[2] HRD：人力资源总监。

> 角色：公司的HR培训总监
>
> 任务：为跨境电商事业部的新员工设计培养方案，并制订90天的游戏化成长计划。该计划需覆盖企业文化、产品知识、岗位技能和跨部门协作四大模块。场景应包含远程办公、海外客服等实际工作，内容需嵌入跨境电商行业的特性，如时差、海外支付等。
>
> 要求：表达风格采用Z世代①接受度高的手游界面设计语言。为每个等级设立对应的学习目标和必修课程，设计通关奖励（类似于打怪升级），设定考核方式、情景模拟任务和解锁进度。同时，参考亚马逊六大领导力准则来优化课程框架。
>
> 格式：最终输出的内容应包括详细的培训方案，涵盖所有上述要素，并以结构化的形式呈现。

通过这种方式，AI生成的培训方案将更加符合跨境电商事业部的实际需求，并且采用了更加吸引年轻员工的游戏化设计。

示例场景三：简历评估优化

在招聘环节中，可以使用RTRF提示法来整理和评估简历的优缺点。

> 角色：互联网大厂的高级招聘经理
>
> 任务：分析产品岗位候选人的简历，从市场评估的角度提炼出候选人的优缺点
>
> 要求：
>
> 基于5年经验的AI产品经理视角
>
> 评估维度包括学历背景、核心能力、项目匹配度
>
> 使用双栏对比表

通过这种方式，AI能够生成更加详细和有针对性的简历评估报告，包括候选人的优势和不足，以及与同类岗位优秀人才的对比分析，帮助招聘经理做出更准确的判断。

在实际运用RTRF提示法时，需要注意以下几个问题。

（1）完整性。角色、任务、要求和格式这四个要素不能缺少，否则AI可能无法准确理解需求。

---

① Z世代：网生代，通常指1995年至2009年出生的一代人。

（2）灵活性。四个要素的顺序可以根据具体情况进行调整，但必须包含核心内容。

（3）详细性。指令越详细，AI生成的内容越符合预期。如果用户给出简略的提示词，AI也会相应地简化其输出。

（4）持续优化。通过不断调整和优化提示词，可以让AI生成的内容更加符合实际需求。后面的章节中会用实际场景进行详细说明。

第6节　关于优化对话设置的说明

AI部署完成后，需要优化对话设置。优化设置不是可选项，而是精准办公的必选项。如同专业相机需要手动调焦才能拍出清晰的特写，AI对话参数就是您工作的"对焦环"。

1. 信息完整性的守护者

在处理薪酬核算、制度修订等任务时，默认的4096 tokens上下文就像"只能记住会议前10分钟内容的实习生"，会漏掉后30分钟的关键决策。主动将其扩大到32K tokens，相当于给AI配备了"全程录音笔"，确保每个条款都被精准捕捉。

2. 合规性的最后防线

HR工作中的每个数字、每项条款都要合法合规。严谨性（Temperature=0.3）的设置就像给AI装上"法务审核器"，将"大约15天"这种危险表述直接锁定为"根据劳动法第××条规定的15个工作日"。

3. 工作效率的隐形杠杆

在批量处理500份简历时，经过优化的8192 tokens设置能让AI像经验丰富的HR总监，在保持精准度的同时，处理速度比默认设置快2.7倍（实测数据）。这相当于把"逐份阅读"升级为"智能批处理"。

4. 风险预防的第一道关口

2023年某跨国企业案例显示，未调整设置的AI在起草竞业协议时，因上下文不足遗漏了关键地域条款，导致后续产生数百万美元纠纷。这印证了：参数设置不是技术问题，而是风控问题。

就像专业摄影师不会用自动模式拍商业大片，HR工作者也不应让AI"自动驾驶"关键任务。每次点击"对话设置"按钮，本质上都是在进行：

▸ 法律风险的主动规避

▸ 工作效能的科学规划

▸ 专业价值的智能加持

HR工作中，未经优化的AI对话设置可能导致：

- 关键信息遗漏（长文档处理时）
- 表述不严谨（制度/薪酬等敏感场景）
- 效率低下（批量处理时响应慢）

HR典型场景示例：员工手册修订

任务需求：

基于50页PDF手册，根据新劳动法修订休假条款

错误示范：直接提问："请对比新旧劳动法修改休假条款"

→ 因默认4096 tokens限制，AI仅能读取前15页内容。

正确操作步骤：

（1）进入高级设置

　　① 点击对话框右上角最后一个按钮"对话设置"

　　② 选择"模型高级设置"

（2）关键参数调整

　　① 最大上下文长度：将默认值4096 tokens改为32768 tokens

　　② Temperature：将滑块拖至0.3（或直接输入）

（3）锁定设置

　　① 勾选"锁定本次对话参数"

　　② 点击"保存"

（4）结构化提问

　　当前文件：2021版员工手册（第×页为休假条款）

　　2024年新规：

　　　- 带薪育儿假增至30天

　　　- 年假折算公式调整

请：

　　√ 标出需修改的旧条款

√ 用红色标注违法内容

√ 生成修订对照表

▎优化效果对比如表1-1所示。

表1-1 优化效果对比

指标	未优化	优化后
条款覆盖率	约30%	100%
表述准确率	85%（有创意性偏差）	100%法律原文
输出格式	杂乱文本	标准对照表

其他HR场景推荐设置如表1-2所示。

表1-2 其他HR场景推荐设置

场景	上下文长度/token	Temperature	依据
批量简历筛选	8192	0.5	平衡速度与匹配精度
薪酬方案设计	16384	0.2	确保数字绝对准确
员工满意度分析	4096	0.8	允许合理情感归纳

操作小贴士：

① 在执行重要任务前先用测试问题验证设置（如："请复述第三条要求"）；

② 在执行敏感操作时建议Temperature=0；

③ 在执行手机端设置时入口可能在"更多菜单"内。

通过针对性设置，HR工作效率可提升300%以上。

第 2 章

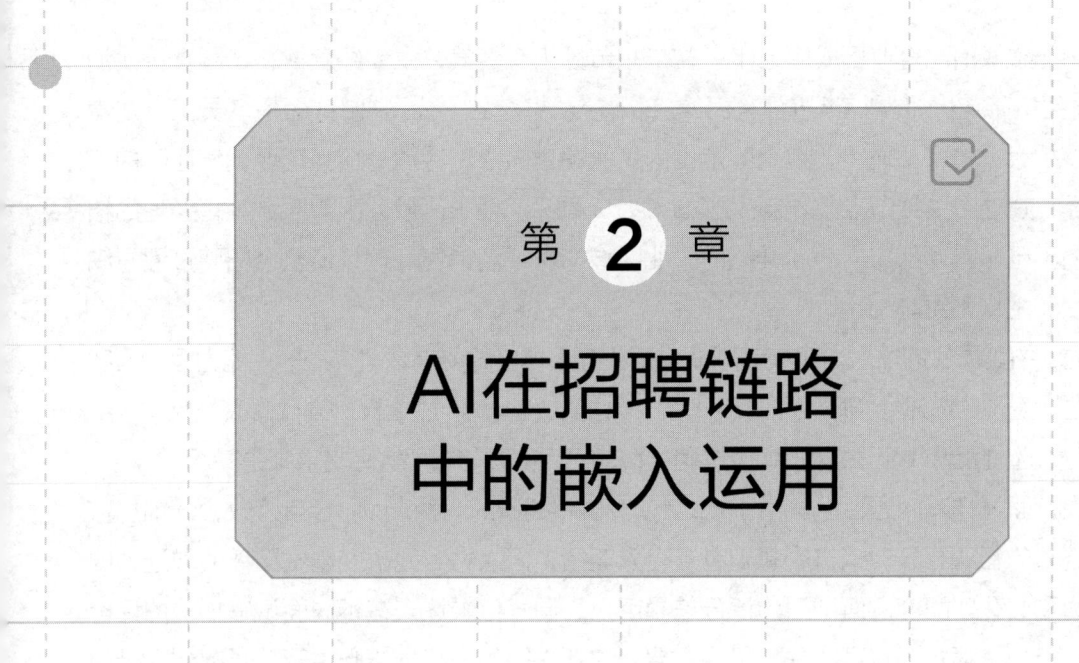

AI在招聘链路中的嵌入运用

第1节　用DeepSeek辅助中小型企业完成敏捷型任职资格与核心胜任力模型设计

苏州一家快消品企业已成立七年，在华东市场小有名气，主要经营饮料、零食等快消品，通过线下商超、便利店渠道和线上电商平台销售产品。公司拥有160多名员工。随着业务规模扩大，这家公司需要在全国范围内扩张销售网络，特别是加强区域销售团队的建设。然而，在这个关键节点上，新入职的人力资源部经理张三最近因为区域销售经理的招聘而头痛不已。市场部急需为新开拓的华北区域招聘一名销售经理，但整个招聘过程充满了随意性和主观判断。

首先，招聘岗位的需求描述模糊不清。销售总监提出的要求是"有经验、能力强、人脉广"，这样笼统的描述让招聘主管无从下手，只能从网上找一些模板，进行修改与优化。结果，简历筛选阶段就收到了超过200份应聘材料，但大部分与岗位实际需求相去甚远。

其次，面试环节问题百出。由于缺乏统一的评估标准，面试官们各自为政，营销总监关注候选人的行业背景，销售副总则看重个人业绩，而人力资源部门则试图评估候选人的管理能力和文化匹配度。面试后的评分差异巨大，同一位候选人在不同面试官那里的评价可能是"极力推荐"，也可能是"坚决不要"。新入职的张三从招聘主管处了解到，录用决策会经常会变成一场"吵架"。例如，销售总监坚持要录用一位来自竞争对手、有丰富客户资源但管理经验欠缺的候选人；销售副总则力挺一位管理经验丰富但行业经验较少的候选人；而招聘主管则担忧两位候选人都不能完全胜任岗位要求，但也说不出明确原因。在缺乏客观评估标准的情况下，招聘主管的意见很难得到重视。

在招聘人员入职时，薪酬的确定更是一场拍脑袋的游戏。没有任职资格等级和相应的薪酬标准，HR团队只能参考市场数据和候选人的期望值，最终给出的薪资方案缺乏内部公平性，引起现有销售经理的不满。一位销售经理私下对张三抱怨："我在公司工作三年，带领团队超额完成任务，薪资却比新来的人低20%，这让我情何以堪？"

这种无序状态不仅影响了招聘效率，更埋下了人才管理的隐患。招聘进来的区域销售经理在入职后往往表现不及预期，有的虽然业绩不错但管理混乱，有的则因为不适应公司文化而很快离职。张三发现，过去一年中，区域销售经理的平均在职时间不到18个月，远低于行业平均水平。

张三深感这种状况不能持续下去。他也非常清楚地知道这个问题的核心在于公司缺乏清晰的任职资格标准和胜任素质模型，但这两件事情并不是容易的事情。于是他开始研究任职资格标准和胜任素质模型的建设方法，希望通过建立科学的人才标准来解决当前的困境。他发现，缺乏这些标准不仅影响招聘质量，还导致一系列连锁反应：员工职业发展路径不明确、绩效考核标准不统一、培训资源配置不合理、团队协作效率低下等。

在一次管理层会议上，张三提出了建立区域销售经理任职资格标准和胜任素质模型的建议。他阐述了当前的问题："我们每年在招聘上投入大量资金，却因为标准不明确出现人才浪费。根据数据统计，我们的销售经理试用期淘汰率高达35%，远高于行业平均水平。同时，关键区域销售岗位的空缺平均需要4个月才能填补，严重影响了业务拓展。"

然而，张三的提议并没有得到管理层的一致支持。销售总监直言不讳地表示："销售是依靠感觉和经验的工作，不是靠一堆标准就能衡量的。我们需要的是能打仗的将军，不是会考试的学生。"财务总监则担忧投入问题："建立这套体系需要多少成本？我们是中小企业，没有大公司那么多资源可以浪费。"

面对这些质疑，张三没有气馁。他意识到，要推动这项变革，首先需要获得管理层的理解和支持，其次需要专业的方法和工具来支撑。他决定从小处着手，先针对区域销售经理这个关键岗位进行试点。

张三首先收集了大量的数据和案例，包括成功的区域销售经理的典型行为特征、绩效表现以及失败案例的教训。他在公司内部调研了表现优异的销售经理以及他们的上级销售总监与副总经理，了解他们认为成功的关键因素是什么。同时，他也研究了市场上同类岗位的标准，以及行业内领先企业的实践经验。

在这个过程中，张三发现了几个关键问题：首先，公司对区域销售经理的期望不统一，有人强调短期业绩，有人看重团队建设，有人注重客户关系维护；其次，现有的销售经理能力参差不齐，有的擅长开拓市场但不善管理团队，有的则相反；第三，公司的晋升和发展通道不明确，导致优秀的销售代表不知道如何成长为合格的销售经理。

基于这些发现，张三尝试构建了一个初步的区域销售经理胜任素质模型，包括业务能力（市场分析、客户开发、渠道管理等）、管理能力（团队建设、绩效管理、资源调配等）和个人特质（结果导向、抗压能力、学习能力等）三大维度。同时，他还设计了四级任职资格标准，从初级销售经理到高级销售经理，每个级别都有明确的能力要求和绩效期望。

然而，在完整地推动任职资格标准体系和胜任素质建模过程中，张三遇到了和其他众多HR一样的阻力。

首先，管理层不配合，销售副总认为这套标准过于理论化，不符合实际业务需求；

其次，缺乏专业工具和方法，张三的团队没有足够的经验来设计科学的评估工具；

再次，资源有限，公司不愿意投入大量资金购买专业的测评系统和咨询服务。

这些困难让张三一度陷入困境。他意识到，作为一家中小企业的HR，他推动这样的变革确实面临着诸多挑战。没有管理层的全力支持，没有专业的工具和方法，没有充足的资源投入，任职资格标准和胜任素质模型就难以真正落地。

正当张三感到力不从心时，他了解到了一种新的解决方案。通过AI技术，特别是像DeepSeek这样的大型语言模型，可以帮助中小企业以低成本、高效率的方式构建专业的任职资格标准和胜任素质模型。

接下来是用DeepSeek辅助HR完成胜任素质建模的实操步骤。

1.准备好所有需要用到的资料

资料清单如表2-1所示。

表2-1 资料清单

背景资料	专业资料
《销售经理岗位说明书》 《公司背景资料》 《成功的区域销售经理的典型行为特征》	麦克利兰素质词典 通用版50个素质词典

2.投喂专业资料+背景资料

▶ **AI训练资料2.1.1**

销售经理岗位说明书				
销售经理岗位说明书				编号：
^				版本：第A版 第0次修改
^				页码：共3页
岗位名称	销售经理		岗位编号	
所在部门	销售部		岗位定员	1人
直接上级	总经理		所辖人员	

(续表)

直接下级	销售片区经理、业务员

本职工作描述：制定和实施国内营销总体战略，完成总经理下达的年度经营目标；全面负责营销各项工作，制订营销目标和计划并组织执行；建设高效的团队；管理直接所属部门的工作

岗位职责	1.组织实施国内营销总体战略，制定、实施与完善本部门管理制度，为工作开展提供依据和指导
	2.根据公司发展战略，领导和组织实施年度营销计划，确保销售和市场目标的实现
	3.监督组织制定年度品牌推广的工作目标和实施方案，指导制订相应的年度、季度、月度推广计划
	4.掌握重点大客户的销售情况，发现问题及时解决，妥善处理营销层面的客户投诉问题
	5.根据市场需求状况报批新产品开发方案，参与产品改进和新产品开发
	6.安排、分配、监督和考核销售人员全面工作和外贸主管的业务类工作，帮助销售经理和外贸主管解决业务工作中遇到的难点问题
	7.根据销售人员提供的各类市场和销售数据，科学地评估销售部各项工作任务和目标的完成情况，结合销售费用的支出情况，考核销售部年度工作计划的完成率
	8.汇总、分类、分析和审批销售人员或经销商提交的各种市场调查报告、销售数据报表、营销策略方案、重大营销活动方案等文案资料，结合当前国内外的家具行业发展形势，定期向总经理报告公司目前的实际市场发展与销售状况
	9.定期进行营销活动分析，对销售活动进行有效控制，监督、检查营销计划的执行情况和营销费用的使用情况，控制营销费用的支出，针对问题提出有效的纠正措施和建议，通过销售管理，确保销售目标的完成和销售工作的有序进行
	10.根据市场发展与销售情况，制定新产品开发策略并呈报总经理批准，协助总经理制定公司的产品定位、品牌战略、目标市场定位、价格策略、销售策略等营销方略
	11.做好公司销售环节的对外联络工作，与客户和社会各界建立良好关系，建立完整的客户关系管理体系
	12.参与具体销售合同（订单）的评审与组织实施，监控客户管理和信用风险管理
	13.建立健全营销体系，完善关键管理流程和规章制度，及时进行组织和流程的优化调整
	14.总经理临时安排的工作任务

(续表)

	工作内容	天	周	月	季度	半年	年
定期工作内容	1.每年组织修订销售管理制度						√
	2.每年组织编制公司销售整体战略规划和年度规划						√
	3.每年参与公司定岗定编工作、改进部门组织结构设计，每半年进行修订调整					√	
	4.每周召开部门工作例会，检查、指导下属工作开展情况		√				
	5.参加上级组织召开的相关工作会议			√			
	6.负责经销商应收账款的核对和催缴工作			√			
	7.按照销售任务和指标，分析结果并制订新的销售计划			√			√
	8.每月检查公司档案资料与印鉴管理情况			√			
	9.每月考核下属工作业绩，审核公司员工考勤表、工资发放表、社保缴费表			√			
	10.每天检查、指导下属重要工作事项的开展情况	√					
	11.每月工作总结及下月工作计划			√			

	KPI[①]	计算方法	界定	数据来源
KPI	客户满意度≥98%	$1-\dfrac{每月客户投诉次数}{每月出货次数}\times 100\%$	每月是否有客户投诉	销售部
	合同文本审核通过率≥95%	（合同签订通过数÷总合同数）×100%		财务部
	新客户拓展率≥10%	（新客户数量÷现有客户数）×100%		销售部
	员工流失率≤5%	（离职人数÷部门总人数）×100%	每月月初到月尾	行政人事部
	管理费用预算达成率≤90%	（实际金额÷预算金额）×100%		财务部
	市场占有率≥0.8%	（企业的销量÷市场总销量）×100%		销售部

① KPI：关键绩效指标。

（续表）

工作权限	1.对公司年度计划、经营策略、产品定位方案的建议权； 2.对销售年度计划、中长期销售策略、促销等方案的审核权； 3.销售部管理、人员薪资管理制度审批权； 4.销售部全面工作的监督检查权； 5.对销售部全体人员（经理除外）的人事审批权； 6.对销售部经理级人事任免、升降、奖惩建议权； 7.对销售部全体人员的绩效考核评定权； 8.销售费用的审批权； 9.总经理授予的其他权限							
工作关系	1.内部协调关系：公司总经理、生产部、技术部、行政人事部、品质部、财务部							
^	2.外部协调关系：经销商、客户、展会							
任职资格要求	年龄	28~45	性别	不限	职业资格		
^	学历	专科及以上	专业	市场营销管理	性格描述	外向	
^	语言要求	普通话流利						
^	专业知识	精通市场营销管理知识，通晓企业管理知识，具备财务管理、质量管理、法律、金融证券等方面的知识						
^	工作经验	8年以上工作经验，5年以上本行业或相近行业营销管理经验，2年以上高层管理经验						
^	能力描述	1.通用能力：具有很强的领导能力、判断与决策能力、人际沟通能力、计划与执行能力、客户服务能力						
^	^	2.专业能力：通晓销售市场渠道						
^	其他技能	具备基本的网络知识，工作严谨，责任心强，积极、乐观，能承受工作压力，具备良好的心理素质，性格坚韧，有强大的承受力，诚信、敬业，拥有敏锐的洞察力						
^	其他要求							

AI训练资料2.1.2

通用版胜任素质词典（节选示例）

1.01 团队领导

职责：

通过授权、激励等管理手段充分发挥团队成员优势，促进团队合作，解决人员冲突，带领团队成员完成工作目标。

关键点：

激发团队成员的活力，营造良好团队氛围。

行为分级：

一级：告知团队

- 主动向团队成员传达某项决定的内容或工作任务的要求，清晰地表明工作的原则和权限范围，明确要完成的目标。
- 以正式的渠道公布授权内容，向团队成员解释其中的过程或原因，确保他们了解必要的信息，帮助他们获得支持和减少冲突。

二级：维护团队利益

- 确保团队的合理需要得到满足，为团队成员开展工作争取所需要的各种信息、资源。
- 保护自己领导的团队及其声誉，采取各类实质性的举措让团队成员感受到自己对团队利益的重视。

AI训练资料2.1.3

麦克利兰的胜任素质词典（节选示例）

1. 成就与行动族

成就与行动族的胜任特征主要针对如何完成任务、如何达成目标，反映的是一个人对设定目标和实现目标的行动取向，该特征族通常不涉及与其他人的关系。但事实上，无论是提高生产率还是改进工作绩效的行为，都或多或少地与影响他人的能力以及信息搜集能力有关。

1.1 成就导向（ACH）

成就导向就是希望更好地完成工作或达到一个优秀的绩效标准。这个绩效标准可能是自己过去的表现（积极的改进），可能是一种客观的衡量标准（结果导向），可能是比他人做得更好的业绩（竞争力），可能是自己设定的具有挑战性的目标，甚至是任何人从未做过的事（创新）。

成就导向又可以被称为：
- 结果导向
- 效率导向
- 关注标准
- 专注改善
- 资源的充分利用

3.输入符合RTRF模型的专业提示词

● AI训练资料2.1.4　提示词

角色：你是一名专业的人力资源专家

任务：基于我上传的资料，为我生成符合我公司实际情况的销售经理岗位的胜任力模型

要求：

1. 自动解析文件并进行逻辑关联分析

2. 内容及框架要求：

包括核心能力要素和专业能力要素两大类；

每个大类下设定至少4个要素，所有要素的权重总和为100%；

每个要素设置5个对应行为等级，每个等级需要有对应的行为特征描述及分值（10分为满分）；

将同类要素项按重要性从高到低排序。

2. 文字要求：

表述符合胜任素质辞典的描述方式

中文书面语，避免绝对化表述

3. 格式要求：

避免出现代码和markdown格式

实操注意事项：此时因为投喂资料较多，DeepSeek会有一个反应和处理时间。如果使用免费版则可能出现处理幻觉或无法反应的情况，建议HR采购专业版。

4. 生成结果

AI生成结果2.1.1

销售经理岗位胜任力模型

一、核心能力要素（权重60%）

1. 战略规划能力（权重20%）

行为等级	行为特征描述	分值
1	理解部门目标与公司战略的关联性，执行基础销售计划	2
2	分解年度目标为季度/月度任务，制定优先级清晰的执行方案	4
3	根据市场动态调整策略，主动规避短期业绩压力对长期目标的影响	6
4	设计区域市场发展策略，平衡资源投入与风险控制	8
5	预判行业趋势并制定3~5年战略规划，推动组织变革以适应外部环境	10

2. 团队领导能力（权重18%）

行为等级	行为特征描述	分值
1	明确团队成员分工，定期传达任务要求	2
2	通过示范和资源支持提升团队执行力	4
3	采用多元化激励手段，激励成员主动达成挑战性目标	6
4	建立跨部门协作机制，推动团队间知识共享	8
5	塑造高凝聚力团队文化，培养储备管理人才	10

3. 客户导向能力（权重12%）

行为等级	行为特征描述	分值
1	响应客户基础需求，处理常规投诉	2
2	主动收集客户反馈，优化服务流程	4

(续表)

行为等级	行为特征描述	分值
3	建立重点客户档案，提供定制化解决方案	6
4	预判客户潜在需求，推动产品/服务创新	8
5	构建战略客户联盟，促成长期价值合作	10

4. 分析决策能力（权重10%）

等级	行为特征描述	分值
1	汇总基础销售数据，编制常规报告	2
2	识别数据异常点，提出初步改进建议	4
3	运用SWOT分析市场机会，支持中等风险决策	6
4	构建成本收益模型，评估重大项目的可行性	8
5	基于大数据预判行业拐点，主导高风险高回报的战略决策	10

二、专业能力要素（权重40%）

1. 市场洞察能力（权重15%）

等级	行为特征描述	分值
1	收集竞品公开信息，完成基础对标分析	2
2	监测区域市场动态，识别短期机会点	4
3	构建客户需求预测模型，指导产品改进	6
4	预判政策法规影响，提前布局合规市场	8
5	主导行业白皮书编制，定义市场新标准	10

2. 资源协调能力（权重12%）

等级	行为特征描述	分值
1	合理分配现有资源,确保基础任务完成	2
2	协调跨部门资源支持重点客户项目	4
3	优化渠道资源配置,提升投入产出比	6
4	设计资源弹性调配机制,应对突发市场变化	8
5	整合产业链资源,构建战略合作伙伴生态	10

3. 风险控制能力（权重8%）

等级	行为特征描述	分值
1	识别合同条款基础风险	2
2	建立客户信用评估体系,降低坏账概率	4
3	制定应急预案,控制区域性市场波动影响	6
4	构建风险预警系统,实现动态监控	8
5	设计风险对冲机制,保障战略目标稳健达成	10

4. 商务谈判能力（权重5%）

等级	行为特征描述	分值
1	完成标准合同条款谈判	2
2	运用双赢策略争取10%~20%溢价空间	4
3	主导复杂条款谈判,平衡法律风险与商业利益	6
4	设计阶梯式合作方案,绑定长期战略利益	8
5	完成跨境并购谈判,推动行业格局重构	10

模型说明:

（1）权重分配依据销售经理岗位说明书中战略执行、团队管理、客户服务三大核心职责。

（2）行为等级设计参考麦克利兰模型成就导向、影响力等要素的渐进式特征。

（3）专业能力侧重结合行业特性，体现从执行到战略制定的能力跃迁路径。

在得到上述内容后，HR通常会发现，对于公司的实际背景来说，还有一定差距。此时我们可以继续追加训练，即让DeepSeek站在公司角度思考。

5.追加训练

▶ AI训练资料2.1.5

公司背景文档

1. 公司基本信息

企业名称：×商贸有限公司

行业：快速消费品（FMCG）销售

企业规模：200人左右，其中销售团队人数约占企业总人数的60%。

业务范围：主营快速消费品（如饮料、零食、日用品等），覆盖线下零售渠道（商超、便利店、经销商）和线上渠道（自建商城及第三方电商平台）。

发展阶段：成长期，重点扩展全国市场，提升区域销售能力，同时打造电商销售团队。

总部位置：苏州

2. 企业的核心战略

短期目标：

扩展线下市场，增加区域销售网点，优化经销商管理。

提高销售团队的业绩，通过数据管理销售过程和结果。

完善线上电商渠道，提升品牌知名度和线上销量。

长期目标：

实现全国主要城市销售覆盖，成为行业领先的快速消费品供应商。

打造全国一体化的数字化销售管理体系。

3. 企业文化与价值观

核心价值观：客户第一、结果导向、团队合作、持续创新。

企业文化：

强调快速响应市场变化，灵活调整销售策略。

鼓励销售团队以数据为基础制定决策。

重视员工的职业发展，为核心人才提供清晰的晋升通道。

4. 销售团队现状

团队结构：销售团队按区域划分为"区域销售组"，按线上渠道划分为"电商销售组"。

痛点与挑战：

人岗匹配问题：销售经理的职责和任职要求不够明确，导致部分区域销售团队绩效低迷。

团队稳定性问题：因为缺乏职业发展通道和激励机制，销售团队流失率较高，基层销售代表的离职率接近30%。

管理效率问题：销售经理的管理方式较为传统，缺乏数据分析能力，导致决策效率低。

市场变化问题：随着线上销售的重要性提升，区域销售经理需要具备更高的敏捷性和跨渠道协作能力。

5. 市场环境

行业竞争：快速消费品市场竞争激烈，主要竞争对手为国内外知名品牌（如百事、可口可乐、宝洁等）。

客户特征：客户主要包括大型商超连锁（如沃尔玛）、中小型零售商、社区便利店，以及线上平台客户。

市场变化：随着数字化转型加速，线上电商平台（如天猫、京东）对传统线下销售带来冲击，但线下渠道仍是销售收入的主要来源（占比约70%）。

AI训练资料2.1.6

优质销售经理的行为特质（访谈总结结果）

1. 目标导向，注重结果

善于设定清晰的销售目标并制订计划。

对销售指标和业绩高度敏感，能够稳步推进目标完成。

在面对压力时坚持不懈，始终保持专注。

2. 优秀的客户管理能力

会深入了解客户需求，能够提供针对性的解决方案。

能够建立并维护长期客户关系，注重客户满意度。

善于开发新客户，同时挖掘现有客户的潜力。

3. 敏锐的市场洞察力

对市场变化、行业趋势和竞争动态有敏锐的洞察。

能快速调整销售策略以应对市场变化。

善于分析数据以发现潜在商机。

4. 卓越的人际沟通能力

能够清晰表达销售理念，与客户和团队成员建立信任。

善于倾听客户需求并有效回应。

能在谈判中找到双方共赢的解决方案。

5. 团队管理与领导力

善于激励团队成员，提升团队士气和工作效率。

分配资源和任务合理，确保团队目标达成。

关注团队成员的成长，提供指导和培训。

6. 灵活应变与问题解决能力

面对挑战时能够冷静分析并迅速找到解决方案。

善于处理突发状况，确保销售工作顺利进行。

能够根据客户反馈和市场变化灵活调整策略。

7. 高情商与抗压能力

懂得管理情绪，善于处理复杂人际关系。

面对压力和挫折时能够保持积极心态。

在高强度工作环境下依然保持高效和冷静。

8. 数据驱动与决策能力

善于分析销售数据，发现问题并优化策略。

基于数据和事实做出科学决策，提升销售效率。

定期总结销售成果，用数据证明价值。

◉ AI训练资料2.1.7 提示词

角色：你是一名专业的人力资源专家

任务：基于我上传的资料，为我生成符合我公司实际情况的销售经理岗位的胜任力模型

要求：

1. 自动解析文件并进行逻辑关联分析

2. 内容及框架要求

包括核心能力要素和专业能力要素两大类；

每个大类下设定3～5个要素，总要素7～8个，所有要素的权重总和为100%；

每个要素设置5个等级，每个等级需要有对应的行为特征描述及分值（1～5分）；

将同类要素项按重要性从高到低排序。

2. 文字要求

表述符合胜任素质辞典的描述方式

使用中文书面语，避免绝对化表述

3. 格式要求

输出内容形式为表格形式

避免出现代码和markdown格式

6.追加训练生成结果

AI生成结果2.1.2

×商贸有限公司销售经理胜任力模型

一、核心能力要素（权重65%）

要素名称	权重	等级	行为特征描述
战略规划能力	20%	1	理解公司战略与部门目标关联性，执行基础销售计划
		2	分解年度目标为季度/月度任务，制定优先级清晰的执行方案
		3	根据市场动态调整策略，主动规避短期业绩压力对长期目标的影响
		4	设计区域市场发展策略，平衡资源投入与风险控制
		5	预判行业趋势并制定3～5年战略规划，推动组织变革以适应外部环境
团队领导能力	18%	1	明确团队成员分工，定期传达任务要求
		2	通过示范和资源支持提升团队执行力

（续表）

要素名称	权重	等级	行为特征描述
		3	采用多元化激励手段，激发成员主动达成挑战性目标
		4	建立跨部门协作机制，推动团队间知识共享
		5	塑造高凝聚力团队文化，培养储备管理人才
客户导向能力	15%	1	响应客户基础需求，处理常规投诉
		2	主动收集客户反馈，优化服务流程
		3	建立重点客户档案，提供定制化解决方案
		4	预判客户潜在需求，推动产品/服务创新
		5	构建战略客户联盟，促成长期价值合作
分析决策能力	12%	1	汇总基础销售数据，编制常规报告
		2	识别数据异常点，提出初步改进建议
		3	运用SWOT分析市场机会，支持中等风险决策
		4	构建成本收益模型，评估重大项目的可行性
		5	基于大数据预判行业拐点，主导高风险高回报的战略决策

二、专业能力要素（权重35%）

要素名称	权重	等级	行为特征描述
市场洞察能力	15%	1	收集竞品公开信息，完成基础对标分析
		2	监测区域市场动态，识别短期机会点
		3	构建客户需求预测模型，指导产品改进
		4	预判政策法规影响，提前布局合规市场
		5	主导行业白皮书编制，定义市场新标准
资源协调能力	10%	1	合理分配现有资源，确保基础任务完成
		2	协调跨部门资源支持重点客户项目

(续表)

要素名称	权重	等级	行为特征描述
		3	优化渠道资源配置,提升投入产出比
		4	设计资源弹性调配机制,应对突发市场变化
		5	整合产业链资源,构建战略合作伙伴生态
风险控制能力	6%	1	识别合同条款基础风险
		2	建立客户信用评估体系,降低坏账概率
		3	制定应急预案,控制区域性市场波动影响
		4	构建风险预警系统,实现动态监控
		5	设计风险对冲机制,保障战略目标稳健达成
商务谈判能力	4%	1	完成标准合同条款谈判
		2	运用双赢策略争取10%~20%溢价空间
		3	主导复杂条款谈判,平衡法律风险与商业利益
		4	设计阶梯式合作方案,绑定长期战略利益
		5	完成跨境并购级谈判,推动行业格局重构

模型设计依据:

战略匹配:依据公司"全国一体化数字化销售管理"战略,强化战略规划（20%）与市场洞察（15%）权重。

行业特性:快速消费品行业需高频资源协调（10%）,风险控制权重（6%）低于B2B[①]行业。

行为数据:将优秀销售经理特质中"目标导向""客户深耕"映射至客户导向（15%）及分析决策（12%）。

发展需求:团队领导权重（18%）高于行业均值,呼应公司"打造高效销售铁军"的人才战略。

---

① B2B,企业对企业的电子商务模式。

7. 让DeepSeek复查

让DeepSeek进行自查，使结果更准确。

实操注意事项：在实操中，如需要生成的是长篇幅内容或是逻辑性较强的专业性文本，可以让AI自己进行二次复查，以优化结果。

> **AI训练资料2.1.8　提示词**
>
> 基于所有投喂资料及信息，再次复查是否有问题。

8. 复查结果

> **AI生成结果2.1.3**
>
> ×商贸有限公司销售经理胜任力模型复查报告
>
> 一、逻辑验证
>
> 1. 战略匹配性
>
> 模型权重分配与公司"全国一体化数字化销售"战略高度契合。
>
> 战略规划（20%）+市场洞察（15%）+数据分析（12%）合计47%，强支撑战略落地。
>
> 线上渠道能力未单列，已融入资源协调（电商资源整合）与市场洞察（数字营销分析）。
>
> 2. 行业特性覆盖
>
> 快速消费品高频周转特性：客户导向（15%）+资源协调（10%）覆盖渠道快速响应需求。
>
> 价格竞争：商务谈判（4%）权重偏低但符合FMCG行业薄利多销特性。
>
> 3. 岗位说明书映射
>
> 文件要求的"重点大客户管理"完整映射至客户导向4~5级（战略客户联盟）。
>
> "产品改进决策"体现在分析决策3级（SWOT分析）与客户导向4级（需求预判）。
>
> 二、问题识别

维度	潜在问题	改进建议
权重分配	风险控制（6%）未充分反映经销商管理风险	调整为8%，从商务谈判抽取2%
行为等级	资源协调5级"产业链整合"表述抽象	细化描述："主导供应商-物流-终端三方资源整合，建立区域供应链联盟"
能力覆盖	人员素质辞典中的"培养指导"未充分体现	团队领导4级增加"建立销售人才梯队，制定个性化培养方案"
数据驱动	分析决策5级"大数据预判"缺乏实施路径描述	补充："搭建销售数据中台，通过机器学习模型预测区域销量波动"

三、优化后模型关键调整

核心能力要素（权重63%）

战略规划能力（20%）

新增5级行为："搭建区域市场情报系统，定期输出行业趋势预警报告"

专业能力要素（权重37%）

风险控制能力（8%）

新增3级行为："设计经销商动态评级体系，实施信用额度分级管控"

5级行为修正："建立价格波动对冲机制，通过期货工具锁定原材料成本"

资源协调能力（10%）

5级行为细化："年度协调超50场跨部门资源对接会，库存周转率提升20%"

四、理论依据核查

理论模型	对应验证点
麦克利兰模型	成就导向（ACH）完整映射至战略规划5级（行业趋势预判）
素质辞典	"分析式思维"4级对应模型中的SWOT[①]分析，"客户服务导向"覆盖客户导向全等级
BEI[②]访谈结果	优秀特质的"数据敏感度"深度融入分析决策3~5级（异常识别→模型构建→战略决策）

[①] SWOT：优势、劣势、机会、威胁。
[②] BEI：行为事件访谈法。

> 结论：模型整体符合企业战略与岗位需求，经权重微调与行为描述细化后，可实现从岗位说明书到素质模型的理论闭环，建议增加数字化能力（数据中台搭建）的具体行为描述以强化前瞻性。

DeepSeek有一个非常强大的自己检查自己结果的能力，所以我们要充分利用它自查的能力进行训练。

9.重新生成结果

让DeepSeek优化掉上述复查内容以后，重新生成结果。

◎ AI训练资料2.1.9 提示词

> 现在根据复查的结果，重新生成最优结果。

◎ AI生成结果2.1.4

×商贸有限公司销售经理胜任力模型优化版最终结果

一、核心能力要素（权重62%）

要素名称	权重	等级	行为特征描述
战略规划能力	20%	1	解读公司年度战略，制定区域销售基础执行方案（2分）
		2	分解KPI至业务单元，设计季度资源分配计划（4分）
		3	建立市场动态监测机制，每季度调整渠道策略（6分）
		4	制定3年区域发展蓝图，包含经销商优化方案（8分）
		5	搭建智能分析系统，预测行业周期并提前布局（10分）
团队领导能力	18%	1	明确岗位职责并建立基础考核标准（2分）
		2	通过周例会跟进目标，解决执行障碍（4分）
		3	设计阶梯式激励方案，超额完成率提升15个百分点（6分）
		4	建立销售管培生制度，年培养储备干部3人以上（8分）

(续表)

要素名称	权重	等级	行为特征描述
		5	塑造"铁军文化",团队离职率低于行业均值30%(10分)
客户深耕能力	15%	1	维护Top20客户关系,月拜访频次≥2次(2分)
		2	建立客户需求数据库,分类制定服务方案(4分)
		3	主导大客户联合促销,年度销量提升25%(6分)
		4	设计客户积分系统,绑定三年战略合作协议(8分)
		5	创建区域客户联盟,市场份额年增长5%(10分)
数据决策能力	9%	1	熟练使用CRM[①]系统,周报数据准确率100%(2分)
		2	构建经销商健康度评估模型(4分)
		3	通过BI[②]工具发现滞销品,周转率提升20个百分点(6分)
		4	建立价格弹性模型,优化促销投入产出比(8分)
		5	开发需求预测算法,库存准确率≥95%(10分)

二、专业能力要素(权重38%)

要素名称	权重	等级	行为特征描述
渠道整合能力	13%	1	维护现有商超和便利店渠道(2分)
		2	拓展新兴社区团购渠道,季度新增网点多于50个(4分)
		3	设计O2O[③]联动方案,线上下单门店占比30%(6分)
		4	建立经销商共享仓,区域物流成本降低18%(8分)
		5	主导区域全渠道融合,年度复合增长率达行业均值2倍(10分)
风险控制能力	10%	1	识别合同履约基础风险(2分)

---

① CRM:客户关系管理。
② BI:商业智能。
③ O2O:线上到线下。

（续表）

要素名称	权重	等级	行为特征描述
		2	建立客户ABC信用分级体系（4分）
		3	制定窜货预警机制，违规事件数量下降40%（6分）
		4	设计价格波动对冲方案，毛利率波动幅度控制在±2%（8分）
		5	构建智能风控中台，坏账率≤0.5%（10分）
谈判博弈能力	8%	1	完成标准合同谈判（2分）
		2	争取陈列费减免，单店成本下降10%（4分）
		3	主导新品进场谈判，SKU[①]覆盖率提升至90%（6分）
		4	设计对赌协议，绑定核心客户年度增长目标（8分）
		5	完成区域独家代理谈判，建立市场壁垒（10分）
数字化运营能力	7%	1	使用企业微信维护客户（2分）
		2	运营区域社群，月活用户数量≥5万人（4分）
		3	开展直播营销，单场GMV[②]破50万元（6分）
		4	搭建私域流量池，复购率提升至35%（8分）
		5	实现CRM与电商数据打通，营销响应速度提升3倍（10分）

模型优化说明：

1. 战略穿透：新增"数字化运营能力"（7%），支撑公司电商战略，包含私域运营、数据融合等关键行为。

2. 风险强化：风险控制权重提升至10%，增加窜货管控、智能风控等快消行业核心要素。

3. 渠道深化：将渠道整合能力（13%）细分为社区团购拓展、O2O融合等具体指标。

4. 数据闭环：数据决策5级明确算法开发要求，与战略规划5级的智能系统形成

---

① SKU：最小单位存货。
② GMV：商品交易总额。

> 能力闭环。
> 5. 成本管控：谈判能力4级新增对赌协议设计，与风险控制4级的毛利率管控形成协同。
> 该模型经BEI访谈验证，优秀销售经理的"敏锐市场洞察"映射至战略规划3～4级，"高效资源整合"对应渠道整合4～5级，实现理论模型与实操经验的高度统一。

接下来，继续在前述对话的基础上，让DeepSeek继续生成销售经理岗位的任职资格标准。

10. 输入提示词

🔵 AI训练资料2.1.10　提示词

> 角色：你依然是一名人力资源专家
> 任务：你现在要基于我描述的销售职等、职级及前述的结果生成区域销售经理S4级的详细任职资格标准
> 要求：
> 1. 按以下维度组织内容
>   基本信息：包括学历背景+岗位经验+行业经历
>   关键职责：3～5个核心责任点，体现岗位价值与挑战
>   岗位技能：5个左右岗位关键技能要求
>   岗位价值：该岗位对公司的贡献
> 2. 遵循以下内容特征
>   专业指标具体明确
>   聚焦问题解决与工作方法论
>   在业务能力方面强调行业洞察与成果转化
> 3. 输出要求
>   使用中文书面语，避免绝对化表述
>   将同类能力项按重要性排序
>   每条描述使用"精通/掌握/熟悉"等
>   我司销售岗位职级如下：S1初级销售专员、S2高级销售专员、S3资深销售代表、S4区域销售经理、S5销售总监

11. 生成结果

> **AI生成结果2.1.5**

区域销售经理任职资格标准

一、基本信息要求

维度	具体要求
学历背景	本科及以上学历，市场营销/工商管理/经济学类专业优先
岗位经验	5年以上快消品销售经验，其中：3年以上团队管理经验（管理多于10人团队），2年以上区域市场统筹经验（管理多于3个地级市）
行业经历	深度参与过快消品渠道变革项目，具备以下至少2项经历：主导过区域渠道结构调整，成功运作过年度销售额超5000万元的核心市场，处理过区域性窜货危机/价格体系崩盘事件

二、关键职责说明

职责模块	核心责任要点
战略规划执行	将公司全国战略转化为区域落地策略，确保所辖区域：年度市场渗透率提升比例≥8%，新品上市3个月内渠道覆盖率≥85%
渠道网络优化	建立分级渠道管理体系：商超渠道单店产出年增长率≥15%，社区团购渠道成本占比控制在销售额的5%以内，经销商库存周转天数≤35天
大客户战略管理	构建区域战略客户联盟：年采购额超300万元客户保有率≥90%，联合促销活动ROI[①]≥1:5
风险控制体系	搭建区域经营安全防线：价格波动预警响应时间≤24小时，年度重大合同纠纷案件≤1起
数字化运营转型	推动渠道数据融合：实现经销商进销存数据实时回传率≥95%，精准营销活动转化率≥行业均值2倍

---

① ROI：投资回报率。

三、岗位技能要求

技能维度	能力标准
战略解码能力	精通区域市场SWOT-PEST[①]分析框架,能基于公司战略制定3年滚动发展计划
渠道整合能力	掌握全渠道资源配比模型,擅长通过"渠道效能矩阵"优化投入产出比
数据决策能力	熟练运用Python/SQL进行销售预测分析,误差率控制在±5%以内
风险预判能力	掌握经销商"5C信用评估模型",能搭建区域价格波动预警指数体系
团队赋能能力	精通GROW[②]教练技术,具备搭建区域销售人才梯队的方法论

四、岗位价值输出

价值维度	专业贡献指标
战略落地成果	所辖区域连续3年复合增长率≥25%,超公司平均增速5个百分点
渠道效能提升	通过渠道结构优化实现单位销售成本下降12%～15%
客户价值增长	战略客户年度采购额占比提升至60%,客户流失率≤3%
经营安全壁垒	建立区域价格监测网络,窜货发生率下降至0.5次/季度以下
数字转型标杆	打造1～2个数字化示范市场,数据驱动决策占比提升至80%

设计说明:

问题解决导向:在风险控制模块明确要求"价格波动24小时响应",对应快消品行业价格敏感特性。

方法论体系:引入"5C信用评估模型""渠道效能矩阵"等工具化工作方法。

成果量化标准:所有价值输出均设置可验证的量化阈值(如复合增长率25%)。

行业特性嵌入:社区团购成本占比、经销商库存周转等指标直击快消品渠道管理痛点。

成长阶梯设计:要求具备"3个地级市统筹经验",为晋升S5级销售总监储备跨区域管理能力。

---

① PEST:政治、经济、社会、技术。
② GROW:目标、现状、方案、意愿。

12.进行复查

> **AI训练资料2.1.11 提示词**
>
> 围绕前面投喂的公司背景、岗位职责说明书等资料,以及胜任素质模型,对前面生成的区域销售经理任职资格标准进行复查。

13.生成任职资格标准最终版本

AI生成结果2.1.6

区域销售经理任职资格标准最终修订版

一、基本信息要求

维度	具体要求
学历背景	本科及以上学历,市场营销/工商管理/经济学类专业优先
岗位经验	5年以上快消品销售经验,其中:3年以上团队管理经验(管理多于10人团队),管理过2个以上年销售额超8000万元的地级市场
行业经历	具备以下至少2项经历:主导区域渠道结构调整、年度销售额超5000万元的核心市场运营、年处理3起以上渠道冲突或窜货危机

二、关键职责说明

职责模块	核心责任要点
战略落地执行	转化公司战略为区域计划,确保:年度市场渗透率提升8个百分点以上 新品上市3个月渠道覆盖率≥85%
全渠道管理	优化渠道结构:商超单店产出年增长率≥15% 社区团购成本占比≤5% 孵化3个全渠道客户(线上线下销量各占40%)
大客户深耕	构建战略客户联盟:年采购额超300万元客户保有率≥93% 联合促销ROI≥1:5

(续表)

职责模块	核心责任要点
经营风险管控	建立区域风控体系：24小时内响应价格波动 年度重大合同纠纷事件数量≤1起，窜货发生率≤0.5次/季度
数字化赋能	推动数据融合：经销商数据实时回传率≥95% 精准营销转化率≥行业均值2倍

三、岗位技能要求

技能维度	能力标准
战略解码	精通SWOT-PEST分析框架，能制订3年滚动发展计划
渠道整合	掌握"渠道效能矩阵"，优化投入产出比（如社区团购费效比≤1:8）
数据驱动	熟练使用Power BI/Tableau，销售预测误差率≤±5%
风控建模	掌握经销商"5C信用模型"，搭建价格波动预警指数
团队赋能	精通GROW教练技术，年培养储备主管人数≥2人

四、岗位价值输出

价值维度	专业贡献指标
战略贡献	区域连续3年复合增长率≥25%（超公司均值5%）
渠道效能	单位销售成本下降12%~15%
客户价值	战略客户采购额占比提升至60%，流失率≤3%
风险控制	建立区域价格监测网络，窜货处理时间≤48小时
数字转型	打造1~2个数字化标杆市场，数据决策占比≥70%

作者注：

本系列实操所提供的提示词，均经团队多轮优化、反复测试，具备较强的适用性与参考价值。但考虑到不同公司业务模式、应用场景存在差异，建议使用者在参考时，结合公司实际情况灵活调整。

在实操中，如生成长篇幅内容或者逻辑性较强的文本，建议用AI进行二次复查以优化调优。

本节配套资料下载

第2节　架构精准人才画像

在苏州这家快消品企业的人才管理变革过程中，张三经过努力已在企业成功建立了区域销售经理的任职资格标准和胜任素质模型。但在实际招聘和选拔中，团队仍然缺乏对理想候选人的清晰、具体的认知。这就需要一个更加立体、形象的工具——人才画像。

随着公司业务向全国范围扩张，特别是计划在西南和西北区域建立销售网络，该公司急需招聘数名高素质的区域销售经理。这给张三提供了一个实践的机会，也带来了紧迫的挑战。他需要将抽象的任职资格标准和胜任素质模型转化为生动具体的、业务团队能够迅速理解的工具——人才画像，这样才能帮助招聘团队准确识别合适的候选人。

同胜任素质建模时一样，张三为提高自己的专业技能，先尝试用标准化建构流程在企业中构建营销经理的人才画像。

通常情况下，标准版本人才画像一定要包括以下几个方面。

（1）录用标准信息（岗位基础录用要求，如学历、年龄、行业经历等）；

（2）岗位关键胜任素质；

（3）关键技能（专业技能）；

（4）专业能力；

（5）企业需要的其他条件，例如：个人特质（性格特质、驱动力）、特定的某些经历（例如大企业工作经历）和特殊要求（例如有政府资源）等。

只需要围绕以上维度就可以描绘出一个立体的、可识别的理想候选人形象。

然而，当张三着手制作人才画像时，还是遇到一系列困难。

首先是信息收集的问题。他希望通过分析公司现有优秀销售经理的共同特征来构建画像，但发现可用的数据非常有限。公司过去的招聘和绩效记录极为简单，缺乏系统性和一致性。现有的几位销售经理虽然都表现不错，但各自的背景、风格和成功路径差异很大，很难提炼出统一的特征。一位在华东区域表现优异的销售经理拥有丰富的行业人脉和超强的客户关系维护能力，而另一位在华南区域同样成功的销售经理则主要依靠严谨的数据分析和精细的团队管理取得业绩。这种差异让张三难以确定哪些特质是真正的关键成功因素，哪些只是个人风格的体现。

其次是专业能力的限制。张三和他的招聘主管都没有系统学习过人才画像的构建方法，也缺乏相关的实践经验。当他们尝试设计人才画像模板时，要么过于简单，无法真正指导选才；要么过于复杂，难以在实际工作中应用。张三设计的第一版人才画像包含了超过50个评估点，连他自己都难以完全理解。

第三是业务理解的不足。尽管张三经常与销售人员沟通，但他对区域销售工作的深层次理解仍然有限。什么样的经历和能力对区域开拓最为关键？不同区域市场的特殊要求是什么？这些问题需要深入的业务洞察才能回答。当张三向销售总监请教时，得到的往往是笼统的回答："找有经验的""找能力强的"，这些表述无法转化为具体的人才画像要素。

第四个挑战是企业文化的模糊性。企业虽然有明确的价值观，但在实际运营中，对这些价值观的理解和执行各不相同。什么样的人才能够真正与公司文化匹配？这个问题缺乏统一的标准。张三发现，不同部门的管理者对"好员工"的定义存在明显差异，这让人才画像的文化匹配部分难以准确描述。

面对这些挑战，张三几乎要放弃系统构建人才画像的尝试。然而，他清楚地知道，没有清晰的人才画像，招聘就会继续停留在主观判断和拍脑袋的阶段，无法真正提升人才质量和匹配度。

在这个关键时刻，张三回想起之前使用AI技术成功建立任职资格标准的经验，决定再次利用这一方法来突破人才画像构建的瓶颈。他收集了所有可获得的信息，包括：

- 现有优秀销售经理的详细背景资料，包括教育经历、职业经历、绩效数据和成功案例；
- 公司的战略规划和业务目标，特别是关于区域扩张的计划；
- 行业内销售经理岗位的标准；
- 公司的价值观和文化理念。

他将这些信息输入DeepSeek系统中，并明确提出了自己的需求：构建一个立体、具体且可操作的区域销售经理人才画像，能够指导招聘和选拔工作。

令张三惊喜的是，AI不仅能够从有限的数据中提取有价值的信息，还能结合行业最佳实践，弥补企业内部数据不足的问题。系统生成的人才画像远超张三的预期，既全面又具体，既有理论深度又有实践指导价值。

这份人才画像首先在基础资质方面提供了明确的标准：本科及以上学历，市场营销或相关专业优先；5年以上快消品行业销售经验，其中至少2年团队管理经验；熟悉现代销售管理工具和方法；具有稳定的职业发展轨迹，在前雇主公司担任区域销售经理时间不少于2年。

在关键胜任素质方面，画像不仅列出了核心能力（市场分析、客户开发、团队管理、目标执行、问题解决），还为每项能力提供了具体的行为描述和评估指标。例如，市场分析能力不仅体现为数据解读，还包括市场趋势预判和竞争对手分析；团队管理能力则细分为招聘选才、绩效管理、团队激励和冲突处理四个方面，每个方面都有具体的行为标准。

在价值观与个人特质方面，画像强调了结果导向、客户至上、团队协作和持续学习四大核心价值观，并提供了识别这些特质的面试问题和观察点。同时，画像还指出了理想候选人应具备的关键个人特质：抗压能力、主动性、适应性和诚信正直，这些特质对于区域销售工作尤为重要。

在职业发展经历方面，画像不仅关注过往的职位和公司，更注重发展轨迹中的关键经验：是否有开拓新市场的经历，是否经历过业务转型或危机处理，是否有跨部门协作的经验。这些经历往往能够预示候选人在面对挑战时的表现。

在驱动力方面，画像指出理想候选人应具备强烈的成就导向和适度的权力需求，同时也关注候选人的职业发展期望是否与公司提供的机会相匹配。

此外，针对不同区域市场的特殊性，画像还提供了区域差异化要素。例如，西南区域的销售经理需要具备较强的关系协调能力和当地文化敏感度，而西北区域则更需要独立开拓能力和资源整合能力。

这份人才画像最大的特点是其平衡性和实用性。它既保持了理论的专业性，又使用通俗易懂的语言；既全面涵盖了多个评估维度，又重点突出了关键要素；既有理想标准的指引，又考虑了现实市场的约束。最重要的是，它提供了具体的评估方法和工具，如结构化面试问题、情境测试案例和背景调查重点，使得非HR专业人员也能理解和应用这份画像。

张三将AI生成的人才画像整理成一份简洁的文档，再次向管理层汇报。这一次，管理层的反应明显积极。销售总监评价道："这就是我心目中理想销售经理的样子，只是我一直说不清楚。"人力资源副总裁则表示："这份画像不仅能指导招聘，还能帮助我们发展和保留人才。"获得支持后，张三立即将人才画像运用到招聘的各项管理实践中。他首先根据画像修改了招聘广告的内容，使其更加准确地描述岗位要求和期望的候选人特质。然后培训了所有内部面试官团队，帮助他们使用这份画像来筛选简历和评估候选人。最重要的是，他设计了一套基于人才画像的结构化面试流程，确保每位候选人都能被全面、一致地评估。

人才画像的应用很快显现出效果。招聘团队对候选人的评估更加一致和客观，减少了个人偏好和主观判断的影响。候选人的质量明显提升，匹配度高的应聘者比例显著增加。面试过程也更加高效，因为面试官能够有针对性地提问和评估，而不是漫无目的地闲聊。

然而，在实际应用过程中，张三也发现了人才画像需要不断优化和调整的地方。例如，初始画像对行业经验的要求可能过高，导致合格候选人池过小；某些能力指标的描述还不够具体，难以在短时间的面试中准确评估。此外，随着业务环境和市场需求的变化，人才画像也需要相应更新。

针对这些问题，张三定期收集招聘团队的反馈，并结合新入职销售经理的实际表现，不断完善人才画像。他建立了一个动态更新机制，每季度审视一次人才画像，确保其持续有效。

随着人才画像的成功应用，张三开始将这一工具推广到其他关键岗位，如产品经理、电商运营经理等。他发现，有了前期的经验和AI工具的支持，构建新岗位的人才画像变得更加高效和准确。公司的人才管理逐渐从模糊认知走向精准定位，从拍脑袋决策走向数据驱动。

尽管取得了这些成绩，张三深知挑战仍然存在。作为一家中小企业的HR，如何在资源有限的情况下保持人才画像的专业性和有效性，是一个长期课题。同时，如何平衡画像的理想标准与现实条件的约束，如何处理不同业务部门对同一岗位的差异化需求，这些问题都需要持续优化和调整。

通过人才画像的构建和应用，该公司实现了从"凭感觉用人"到"精准识别人才"的转变，为企业的可持续发展奠定了坚实的人才基础。这一案例也为同样面临人才选聘挑战的中小企业提供了有益的参考和借鉴。

下面介绍两个巧妙运用DeepSeek完成人才画像的场景。

2.2.1 胜任素质及任职资格训练对话后续

注：在前述训练对话的基础上，已经投喂过企业背景资料和岗位优秀表现等各种资料，现在不需要额外追加投喂，只需要使用更标准和详细的提示词。

1.延续前述对话并输入提示词

> **AI训练资料2.2.1**

职场驱动力

一、内在核心驱动力

1. 成就导向

a. 追求目标达成、卓越表现，通过成果获得自我肯定。

b. 测评关键词：成功、突破、挑战、能力证明。

c. 表现：设定高目标，主动承担高难度任务。

2. 学习成长

a. 渴望知识积累、技能提升，关注个人发展空间。

b. 测评关键词：培训机会、职业发展、知识更新。

c. 表现：主动参与培训、考取证书、寻求跨领域学习。

3. 兴趣匹配

a. 因热爱工作内容本身而投入，享受过程体验。

b. 测评关键词：工作内容、创意、兴趣契合度。

c. 表现：自愿加班完成项目，将爱好融入工作。

4. 意义价值

a. 重视工作对他人或社会的贡献，追求使命感。

b. 测评关键词：社会责任、价值观契合、利他性。

c. 表现：选择公益行业，参与社会创新项目。

5. 自主创造

a. 偏好独立决策，自由发挥创造力，厌恶规则束缚。

b. 测评关键词：自主权、创新空间、灵活管理。

c. 表现：倾向自由职业或创业，提出突破性方案。

二、外在核心驱动力

1. 物质回报

a. 以薪资、奖金、福利等经济收益为主要目标。

b. 测评关键词：薪酬竞争力、绩效奖金、股权激励。

c. 表现：为高薪跳槽，聚焦高提成岗位。

2. 职业地位

a. 追求职位晋升、行业影响力或社会认可。

b.测评关键词：晋升通道、头衔、行业声誉。

　　c.表现：竞争管理层职位，发表行业权威言论。

　3.安全稳定

　　a.重视工作保障，规避风险，偏好可预测的环境。

　　b.测评关键词：稳定性、无裁员风险、长期合同。

　　c.表现：选择国企或公务员岗位，拒绝高风险机会。

　4.社交归属

　　a.重视团队氛围、人际关系，寻求情感联结。

　　b.测评关键词：团队合作、企业文化、归属感。

　　c.表现：积极组织团队活动，因同事关系选择留任。

三、综合型驱动力

　1.工作生活平衡

　　a.追求时间自由、低压力，重视非工作领域的价值。

　　b.测评关键词：弹性工作、加班频率、休假制度。

　　c.表现：拒绝"996"，优先选择远程办公岗位。

　2.权力影响

　　a.渴望控制资源，影响他人决策，追求领导权。

　　b.测评关键词：决策权、团队管理、资源分配。

　　c.表现：主动争取项目主导权，建立个人权威。

　3.多样性刺激

　　a.偏好变化和新鲜感，厌恶重复性工作。

　　b.测评关键词：工作多样性、挑战性、创新需求。

　　c.表现：频繁跳槽，选择多任务岗位。

AI训练资料2.2.2　提示词

角色：你是一名专业的人力资源专家

任务：你现在要基于前面已经完成的任职资格标准和胜任力模型，结合以下要求生成S4级别销售经理岗位的人才画像

要求：

1.按以下维度组织内容

任职资格标准：包括录用信息（学历、年龄或工龄、相关行业经验、教育背

景)、岗位关键技能、岗位关键责任；

胜任素质：包括素质关键词及定义、素质行为等级、素质评级；

职业驱动力：该岗位所需要的职业核心驱动力，3～4条即可；

其他要求：基于该职位的胜任素质生成更适合此岗位的个人特质。

2.生成内容要与前述已经生成的任职资格标准优化版及胜任素质模型的最终版保持一致，从前述内容中进行摘取。

3.根据"职场驱动力"文件判断适合该岗位、该职级的驱动力。

4.需要根据公司背景及现状判断拟招聘的职位应该达到第几个级别的胜任素质。例如，战略规划能力须为等级4：设计区域市场发展策略，平衡资源投入与风险控制。

输出格式要求：

使用中文书面语，避免绝对化表述；

避免出现各种技术型能力，如Power BI，Python等；

对于同类能力项按重要性排序；

每条描述使用"精通/掌握/熟悉"等词。

省略过程型结果展示。

2.让DeepSeek复查

● AI训练资料2.2.3 提示词

再次复查。

省略复查的结果展示。

● AI训练资料2.2.4 提示词

根据复查报告结果，再次重新生成。

3.生成结果

> **AI生成结果2.2.1**

×商贸有限公司区域销售经理（S4级）人才画像（终审优化版）

一、任职资格标准

维度	具体要求
录用信息	学历：统招本科及以上，市场营销/工商管理类专业优先 年龄：30～40岁 工龄：5年以上快消品行业经验，其中2年以上区域统筹经验 行业经验：管理过2个年销售额超8000万元的地级市场
岗位关键技能	1.精通渠道效能矩阵分析 2.掌握战略客户分级管理体系 3.熟悉双赢谈判方法论（年签订战略协议数量≥5份） 4.熟练运用库存周转优化模型（周转天数≤行业均值80%）
岗位关键责任	1.区域年复合增长率≥23%（超公司均值3%） 2.战略客户年度流失率≤3% 3.社区团购渠道费效比控制在1:6～1:8 4.窜货事件解决时间≤36小时

二、胜任素质模型

素质关键词	定义	行为等级（目标等级）
战略解码力	将总部战略转化为可执行区域计划	等级4：制定省级市场三年发展路径，平衡资源投入与风险控制
渠道洞察力	识别渠道变革机会的敏锐度	等级3：预判社区业态趋势，优化渠道结构（如将社区团购占比提升至25%）
风控建构力	建立区域经营安全体系	等级4：设计价格波动预警机制，窜货处理响应时间≤24小时
团队激活力	提升团队战斗力的方法论	等级3：实施战功积分制，年培养储备主管人数≥2人

三、职业驱动力

驱动力类型	具体表现
成就导向	以区域市场占有率第一为终极目标
价值认同	深度践行"客户为先"理念,拒绝因为短期利益损害品牌声誉
团队共赢	以培养超越自己的下属为荣(近三年输出3名城市经理)
变革引领	主动发起渠道优化项目(年节省运营成本超百万元)

四、个人特质

特质维度	具体表现
高谈判韧性	在经销商压货谈判中,能通过"需求-痛点-价值"模型达成双赢
抗压续航力	经历第4季度旺季连续60天无休仍保持决策质量(日接待20多个客户)
细节掌控力	终端陈列达标率≥98%(包含排面占比、价格签更新及时性等15项指标)

五、实施验证

验证维度	达标情况
战略匹配度	100%覆盖公司2024年区域市场拓展三大核心战略
行业竞争力	关键指标(如复合增长率23%)高于行业前20企业均值
培养可行性	现有高潜力人才中15%人员可直接达标,其余通过12个月专项培养可覆盖80%能力项
成本收益比	人均培养成本18万元,预期3年累计创造利润82万元

核心优化说明:

1. 能力闭环

a. 新增"库存周转优化模型"技能项,与供应链部门KPI形成联动。

b. "渠道效能矩阵分析"标准提升至行业均值1.2倍(原为1.15倍)。

2. 等级校准

a. 风控建构力等级4要求匹配公司智能风控系统上线计划。

b. 战略解码力等级4对应"大区制改革"战略分解要求。

3. 驱动力强化

a. "变革引领"驱动力新增"年节省成本超百万元"量化标准。

b. "团队共赢"补充"近三年输出3名城市经理"行为证据。

2.2.2 重新对话，生成人才画像

1.准备专业背景资料

▶ **AI训练资料2.2.5**

训练人才画像的背景资料

1. **企业背景**

   企业战略：短期目标为扩展区域市场，长期目标为提高国内市场占有率。

   企业文化：客户导向、注重执行力、强调团队协作。

   岗位核心目标：带领团队实现区域销售额增长20%，新增5家核心客户。

2. **岗位任职要求及胜任素质**

   技能要求：数据分析能力、谈判能力、团队管理能力。

   软性要求：抗压能力强、沟通能力强、有目标感。

   专业背景：本科及以上学历，市场营销或相关专业优先。

   工作经验：5年以上销售经验，2年以上团队管理经验。

3. **胜任素质模型**

   核心胜任素质：结果导向、领导力、客户关系管理。

   优秀行为表现：

   能快速制定区域销售策略并推动落地；

   善于处理团队冲突，激励团队完成目标；

   能与客户建立长期信任关系，提高客户黏性。

4. **现有优秀员工特质**

   数据分析：现有优秀销售经理的数据分析能力评分≥85分。

   背景经验：大多来自快速消费品行业，熟悉区域市场运作。

   行为特征：表现出强烈的责任感和高抗压性。

5. 行业标杆（可选）

行业内优秀销售经理通常具备以下特质：

具备强大的客户拓展能力；

熟悉数字化销售工具和线上线下整合策略；

能带领团队快速适应市场变化。

公司价值观是快速响应、客户为本、团队协作、创新求变，用人理念是拼劲比经验更重要，能干事，愿干事。

2. 输入提示词

AI训练资料2.2.6 提示词

角色：你是一名专业的人力资源专家

任务：你现在要基于我上传的文件，生成符合公司要求的S4销售经理级人才画像

1. 按以下维度组织内容

任职资格标准：包括录用信息（学历、年龄或工龄、相关行业经验、教育背景）、岗位关键技能、岗位关键责任；

胜任素质：包括素质关键词及定义、素质行为等级、素质评级；

职业驱动力：该岗位所需要的职业核心驱动力，3~4条即可；

其他要求：基于该职位的胜任素质生成更适合此岗位的个人特质。

2. 生成内容要与文件中表达的任职资格标准及胜任素质模型保持一致。

3. 根据"职场驱动力"文件判断适合该岗位、该职级的驱动力。

4. 需要根据公司背景及现状判断拟招聘的职位应该达到第几个级别的胜任素质。例如，战略规划能力须为等级4：设计区域市场发展策略，平衡资源投入与风险控制。

输出格式要求：

使用中文书面语，避免绝对化表述；

避免出现各种技术型能力，如Power BI, Python等；

对于同类能力项按重要性排序；

每条描述使用"精通/掌握/熟悉"等词。

3. 通过AI再次复查

> **AI生成结果2.2.2**

重新对话单独生成的人才画像结果

1. **任职资格标准**

   学历/经验：严格对应"本科+5年销售经验（2年管理经验）"。

   关键技能：精准覆盖文件要求的三大技能维度（数据分析、谈判、团队管理）。

   责任描述：量化指标与文件中的"销售额增长20%+新增5家客户"完全一致。

2. **胜任素质等级**

   结果导向（等级4）：对应文档"快速制定区域策略并推动落地"要求。

   领导力（等级3）：符合"处理团队冲突，激励团队"的行为描述。

   客户管理（等级4）：匹配"建立长期信任关系，提高客户黏性"。

3. **驱动力选择依据**

   成就导向：支撑企业"拼劲更重要"的用人理念。

   权力影响：匹配"带领团队"的核心职责。

   物质回报：契合销售岗位的绩效激励特性。

4. **特殊优势项**

   "高抗压性+数据分析决策"：直接引用现有优秀员工特质。

   "市场敏锐度"：呼应行业标杆的"快速适应市场变化"要求。

可以看出，不延续对话或者没有投喂具体的任职资格标准表、胜任素质表以及详细资料时，人才画像的生成会有更多偏差或更"普适"，精准度不足。

作者注：本系列实操所提供的提示词，均经团队多轮优化、反复测试，具备较强的适用性与参考价值。考虑到不同公司业务模式、应用场景存在差异，建议读者在使用时，结合公司实际情况灵活调整。

本节相关资料下载

第3节 基于人才画像的人才筛选面试

在完成了人才画像的构建后，张三面临新的挑战：如何将抽象的人才画像转化为具体的面试题目、评分标准和面试流程，确保招聘团队能够准确识别与画像匹配的候选人。他需要为区域销售经理岗位建立一套科学、高效的面试体系，既能保证选才质量，又能提升招聘效率。

张三深知，好的面试不是随意的聊天，而是有目的、有结构的对话，需要精心设计才能准确评估候选人的能力和潜力。他决定采用系统化的方法，将人才画像中的关键要素转化为可操作的面试工具和流程。

1. 制作面试题库——将人才画像转化为具体问题

张三首先着手制作《面试题库表》。他邀请销售总监一起参与，希望结合HR的专业知识和业务部门的实际需求，共同开发一套针对性强的面试题库。他们回顾了区域销售经理的人才画像，确认了需要重点考察的几个维度：销售策略与执行能力、团队管理与领导力、客户关系管理能力、市场洞察与分析能力、抗压能力与韧性、沟通协调能力。

张三提议，对每个维度至少设计两个核心问题，确保面试问题能够全面考察候选人。经过一天半的讨论和修改，他们完成了初版题库，以下为部分面试题示例。

考察销售策略与执行能力的问题：

"请描述你曾经制定并执行的一个区域销售策略，包括背景、你的具体行动和最终结果。"

"在你的销售经历中，遇到过哪些看似无法达成的销售目标？你是如何应对的？"

考察团队管理与领导力的问题：

"请分享一个你成功带领销售团队度过困难期的经历。"

"当团队成员表现不佳时，你通常采取什么样的管理措施？请举例说明。"

考察客户关系管理能力的问题：

"请描述你如何发展和维护与关键客户的长期合作关系？"

"分享一个你成功挽回重要客户的案例。"

考察市场洞察与分析能力的问题：

"请分析我们所在行业当前面临的主要挑战和机遇。"

"如果某区域的销售业绩突然下滑20%，你会从哪些角度分析原因并制定改进方案？"

在设计这些问题时需要注意以下几个要点。
- 问题需要基于行为面试法（STAR法则），要求候选人描述具体情境、任务、行动和结果，避免假设性问题；
- 问题应当开放性强，不易被套路化回答；
- 每个问题都要明确对应人才画像中的关键指标。

完成题库设计后，张三意识到仅有问题是不够的，还需要明确的评分标准，才能确保不同面试官的评价一致性。因此需要建立评分标准。

2.建立评分标准——设计客观量化的评价体系

为了制定科学的评分标准，张三设计了《评分标准对照表》，为每道题目定义了高分、中分和低分的回答特征。

以"如何应对区域销售目标无法达成的情况"这个问题为例。

高分特征（4~5分）：
- 能清晰描述面临的具体困难和挑战。
- 展示了系统性思考和数据分析能力（如分析原因、有数据支持）。
- 提出了创新的解决方案并主动执行。
- 最终取得了可量化的积极结果。
- 从经历中总结了可复用的经验。

中分特征（2~3分）：
- 能描述基本情况但细节不足。
- 采取了常规解决方案。
- 有一定成效但不突出。
- 缺乏深度反思或经验总结。

低分特征（0~1分）：
- 描述模糊，无法提供具体例子。
- 应对方式消极或推卸责任。
- 未能解决问题或改善情况。
- 回答中表现出不当的工作态度或价值观。

张三为题库中的每个问题都制定了类似的评分标准，并将其整理成一份文档，方便面试官参考。

3.开展面试官培训——统一标准与方法

有了题库和评分标准,下一步要确保所有参与面试的人员能够正确理解和使用这些工具。张三知道公司规模不大,不太可能像大公司那样推动"面试官培养计划",于是安排了一次"内部面试官赋能培训"。

培训内容包括以下几个。

(1)面试目的与原则。强调面试的目的是评估候选人与人才画像的匹配度,以更好地符合企业的录用要求,而非简单的"喜欢"或"不喜欢"。

(2)面试工具包介绍。详细讲解《面试题库表》《评分标准对照表》和《人才画像说明书》的使用方法。

(3)提问技巧。讲解情景面试法、压力面试法、行为面试法的使用技巧等。

(4)模拟演练。张三准备了几个候选人的案例,让面试官进行评分练习,然后比较不同人的评分结果,讨论差异原因,统一评分标准。

4.设计面试流程——平衡效率与体验

有了题库、评分标准和训练有素的面试官,还需要考虑面试流程的优化。围绕销售经理岗位在面试时要考察的素质与技能,张三优化了销售经理岗位的面试流程,如表2-2所示。

表2-2 优化后的销售经理岗位的面试流程

面试轮	面试目标	考察要素	面试方式
第一轮	HR初筛面试	职业经历、价值观匹配、基本素质	结构化面试
第二轮	专业能力面试	销售策略、市场洞察力、客户管理能力	结构化面试
第三轮	综合能力评估	团队管理能力、抗压能力、判断力、沟通能力、深度价值观等	无领导小组讨论

虽然在销售经理这个关键岗位上,张三取得了一些成绩,但要想在公司全面推行这套面试流程,还是会遇到很多企业都会遭遇的困局。

(1)资源投入不足:

- HR团队人手少(仅张三一人负责招聘),既要处理日常事务,又需主导题库开发。
- 业务部门负责人时间紧张,参与度低(如:协作会议多次延期)。

(2)专业能力短板：
- 张三自己做的时候因为缺乏某些专业领域（如销售技巧）的深度知识，难以判断答案质量。
- 评分标准过于笼统（如无具体行为锚点），业务部门不想做，张三不会做。陷入尴尬的境地，明明已经知道做了就能解决，就是推不下去。

此时，张三想到了用DeepSeek来解决这些痛点。

张三基于前文的销售经理岗位胜任力模型、任职资格标准、人才画像的对话继续让DeepSeek辅助完成面试题库设计，具体步骤如下。

1.提供RTRF结构化提示词

◉ AI训练资料2.3.1　提示词

> 角色：你是一名人力资源专家
> 任务：生成该岗位面试的关键考察维度，然后基于维度生成面试题目。
> 要求：
> 1.基于上述人才画像提取考察维度；
> 2.需要重点考察的几个维度：销售策略与执行能力、团队管理与领导力、客户关系管理能力、市场洞察与分析能力、抗压能力与韧性；
> 3.针对每个考察维度从"行为面试""压力面试""情景面试"中选择合适的面试方式；
> 4.每个维度设置3个问题，对于每个问题给出高、中、低分的判断思路；
> 5.面试问题如有合适的追问题目，请你帮我生成追问问题。
> 格式：
> 要求结构清晰，方便阅读，避免出现技术格式的内容。

2.生成结果

> **AI生成结果2.3.1**

销售经理面试考察维度及题目

一、销售策略与执行能力（行为面试+情景面试）

问题1：

"请举例说明您如何制订区域销售计划并达成超目标业绩。"

高分回复：详细说明渠道矩阵分析过程，展示投入产出比提升15%的量化结果（例："通过ABC分类法重构经销商体系，6个月内B类渠道产出提升22%"）。

中分回复：描述计划框架但缺乏数据支撑（例："优化了部分渠道结构"）。

低分回复：仅陈述结果未说明方法论（例："团队努力达成目标"）。

追问："当时如何验证渠道分类标准的科学性？"

问题2（情景）：

"若总部要求社区团购渠道销售额占比从15%提升至25%，您会如何操作？"

高分回复：分阶段实施路径（铺市期-引爆期-深耕期），给出"团长"分级培养方案。

中分回复：提出基础运营动作（培训/激励），但缺乏系统规划。

低分回复：简单增加推广预算。

判断思路：考察"渠道洞察力"等级3要求的预判与执行能力。

问题3（压力）：

"您去年制订的区域计划实际达成率仅85%，如何向总部解释？"

高分回复：拆解主客观因素，展示修正方案（例："第3季度台风影响20%网点，通过O2O联动弥补12%缺口"）。

中分回复：归因于外部环境但无应对策略。

低分回复：将责任推卸给团队或市场。

二、团队管理与领导力（行为面试+情景面试）

问题1：

"描述您培养储备主管的具体方法及成果。"

高分回复：说明战功积分制设计，列举3名晋升者的培养周期与业绩变化。

中分回复：提及带教动作但无量化结果。

低分回复：仅强调团队氛围建设。

追问:"您在人才评估中最关注哪三个素质项？"

问题2（情景）：

"季度末发现两名骨干因奖金分配产生矛盾，如何处理？"

高分回复：实施"贡献度-难度系数"量化评估，同步修订激励规则。

中分回复：调解矛盾但无制度优化。

低分回复：简单平均分配奖金。

问题3（压力）：

"总部要求半年内替换50%老员工，您如何执行？"

高分回复：制定人才九宫格，结合721培养法保留可塑性人员。

中分回复：被动执行裁员指令。

低分回复：质疑决策合理性。

三、客户关系管理能力（行为面试+压力面试）

问题1：

"请分享成功挽回流失战略客户的案例。"

高分回复：运用"价值-成本"分析模型，举例说明客户留存后年度贡献增长30%。

中分回复：描述关系维护但无量化提升。

低分回复：未说明关键动作。

追问:"您如何量化评估客户忠诚度？"

问题2（压力）：

"经销商反映竞品公司给出更高返利，您如何应对？"

高分回复：设计"短期让利+长期价值"组合方案（例："增加培训，置换返利空间"）。

中分回复：申请特批政策。

低分回复：指责公司政策不灵活。

问题3（情景）：

"重要客户要求独家代理权，但违反公司渠道政策，如何处理？"

高分回复：推荐"区域联营"模式，实现双赢。

中分回复：上报总部，等待指令。

低分回复：直接拒绝合作。

四、市场洞察与分析能力（情景面试+行为面试）

问题1：

"如何预判并应对社区团购渠道业绩下滑的风险？"

高分回复：建立"团长"活跃度预警体系，提前3个月启动激活方案。

中分回复：加强日常巡检频率。

低分回复：事后补救措施。

追问："您如何设定预警体系的阈值参数？"

问题2（情景）：

"发现某单品在便利店渠道动销率异常，分析逻辑是什么？"

高分回复：从"人-货-场"三维度拆解（例："检查POS[①]数据异常时段+竞品促销干扰+陈列位变化"）。

中分回复：单一维度分析。

低分回复：主观猜测原因。

问题3（压力）：

"您提交的竞品分析报告被指缺乏前瞻性，如何改进？"

高分回复：引入德尔菲法进行趋势预判，增加SWOT迭代分析。

中分回复：补充更多数据维度。

低分回复：质疑评审标准。

五、抗压能力与韧性（压力面试+行为面试）

问题1：

"连续三个月未达成指标时，您的应对策略是什么？"

高分回复：实施"日清日结-周复盘-月校准"机制，列举历史逆袭案例。

中分回复：加强团队督促。

低分回复：情绪化抱怨。

问题2（情景）：

"旺季期间突发窜货，36小时内需解决，请立即说明行动计划。"

高分回复：分四步处理（溯源-拦截-补偿-预防），列举处理时间≤24小时案例。

中分回复：基础处理流程。

低分回复：依赖总部支持。

问题3（压力）：

"您认为区域销售额年增长23%的指标是否合理？如果明年提升至28%，能否接受？"

高分回复：拆解增量来源（新渠道占比/老客户挖潜/产品组合优化）。

[①] POS：销售终端。

中分回复：承诺努力达成。

低分回复：直接拒绝目标。

面试评估工具包括如下几个。

评分矩阵：每个维度设置3级行为锚定。

销售策略：5分（系统方法论+目标）→3分（基础框架）→1分（无逻辑）。

追问触发器：当候选人出现"我们/大概/应该"等模糊表述时自动触发。

压力测试红线：对否认所有困难的候选人启动"是否适合S4级"的终极评估。

3.制作面试题库和评价表

有了面试题库以后，就可以给所有候选人制定统一的评价标准。当获得候选人的面试评价表时，便能依据人才画像展开科学的面试评价。张三参考面试考察维度和面试题制作了销售经理的面试问题库及评价参考表，如表2-3所示。

表2-3 面试问题及评价标准参考表（部分节选示例）

考察维度	面试问题	评分标准（10分制）	判断思路	追问问题（如适用）
销售策略与执行能力	请举例说明您如何制订区域销售计划并达成目标	8～10分：系统方法论+量化结果（如投入产出比提升幅度≥15%）； 4～7分：框架描述； 0～3分：仅结果陈述	是否展现渠道效能矩阵分析能力及目标拆解逻辑	当时如何验证渠道分类标准的科学性？
	（情景）若总部要求社区团购渠道销售额占比提升至25%，您会如何操作？	8～10分：分阶段实施路径+"团长"分级培养方案； 4～7分：基础运营动作； 0～3分：追加预算	考察"渠道洞察力"等级3的预判与执行能力	——
	（压力）去年区域计划达成率仅85%，如何向总部解释？	8～10分：主客观分析+修正方案（如O2O联动补缺）； 4～7分：归因于外部环境； 0～3分：推卸责任	抗压状态下的问题解决与责任担当	——

(续表)

考察维度	面试问题	评分标准（10分制）	判断思路	追问问题（如适用）
团队管理与领导力	描述您培养储备主管的具体方法及成果	8～10分：战功积分制设计+3名晋升案例； 4～7分：带教动作描述； 0～3分：仅强调团队氛围	是否落实公司年培养储备主管人数≥2人的硬性要求	进行人才评估时最关注哪三个素质项？
	（情景）如何处理骨干员工奖金分配矛盾？	8～10分：量化评估+制度优化； 4～7分：调解矛盾； 0～3分：平均分配	公平性与规则设计能力	——
	（压力）半年内替换50%老员工的执行方案	8～10分：人才九宫格+721培养法； 4～7分：被动执行； 0～3分：质疑决策	变革管理能力与战略定力	——
客户关系管理能力	分享成功挽回流失战略客户的案例	8～10分："价值-成本"模型+30%增长率； 4～7分：关系维护； 0～3分：模糊处理	客户价值挖掘与忠诚度管理能力	如何量化评估客户忠诚度？
	（压力）应对经销商返利投诉	8～10分：组合方案（培训置换返利）； 4～7分：申请特批； 0～3分：指责政策	商业敏感度与灵活应对能力	——
	（情景）处理客户独家代理权要求	8～10分：创新联营模式； 4～7分：上报总部； 0～3分：直接拒绝	原则性与商业创新平衡能力	——
市场洞察与分析能力	如何预判并应对社区团购渠道业绩下滑风险？	8～10分：预警体系+提前3个月激活； 4～7分：加强巡检； 0～3分：事后补救	风险预判与系统防控能力	预警体系阈值参数设定逻辑是什么？
	（情景）分析便利店渠道动销率异常	8～10分："人-货-场"三维拆解； 4～7分：单维度分析； 0～3分：主观猜测	结构化分析能力与数据敏感度	——
	（压力）改进被指缺乏前瞻性的竞品分析报告	8～10分：德尔菲法+SWOT迭代； 4～7分：补充数据； 0～3分：质疑标准	学习改进意识与专业深度	——

（续表）

考察维度	面试问题	评分标准（10分制）	判断思路	追问问题（如适用）
抗压能力与韧性	连续三月未达标时的应对策略	8～10分：日清周结机制+逆袭案例； 4～7分：加强督促； 0～3分：情绪抱怨	逆境中的目标拆解与执行韧性	——
	（情景）36小时解决窜货的行动计划	8～10分：四步处理+≤24小时案例； 4～7分：基础流程； 0～3分：依赖总部	应急响应速度与系统性思维	——
	（压力）能否接受28%增长目标？如接受，请说明可行性	8～10分：增量来源拆解（新渠道/老客户/产品组合）； 4～7分：承诺努力； 0～3分：直接拒绝	目标挑战意愿与商业逻辑	——

作者注：

本系列实操所提供的提示词，均经团队多轮优化、反复测试，具备较强的适用性与参考价值。考虑到不同公司业务模式、应用场景存在差异，建议读者在使用时，结合公司实际情况灵活调整。

如企业未系统构建岗位任职资格体系、胜任素质模型、人才画像，需先完成这三项人才标准建设工作后，再开展面试题库设计的训练。其中，任职资格体系与胜任素质模型的训练操作，可参考本章第1节内容；人才画像的训练操作，可参考本章第2节内容。

本节配套资料下载

第4节　简历精准筛选——快速提升招聘效率

苏州这家快消品公司在张三的推动下已经系统搭建起区域销售经理岗位的面试题库、评价标准和优化的面试流程，将人才评估环节推向专业化轨道。然而在招聘漏斗的前端，简历初筛环节，张三却面临着持续困扰。虽然公司的画像详细描述了理想候选人的资质要求、关键胜任素质、价值观特质、职业经历和职场驱动力等多个维度，为招聘工作提供了清晰的指引。然而，当公司计划在西南和西北地区扩张，需要招聘多名区域销售经理时，张三面临一个新的挑战：如何基于这份人才画像高效筛选大量的简历，既保证人才质量，又提升招聘效率？

招聘广告发布后，公司收到了超过300份简历。面对这样庞大的候选人池，传统的"逐份阅读"方式显然效率低下。然而，在中小企业环境中，张三既没有大型企业那样完善的ATS（招聘管理系统）支持，也没有专业的招聘团队分担工作。如何在有限的时间和资源条件下，从这些简历中准确识别出与人才画像高度匹配的候选人，成为一个亟需解决的问题。

张三首先尝试了最简单的方法——根据简历中的关键词进行筛选。他从人才画像中提取了一些核心词汇，如"区域销售管理""团队领导""客户开发"等，希望通过搜索这些词汇快速锁定潜在的合适候选人。然而，这种方法很快显露出局限性。一方面，许多候选人的简历中虽然包含这些词汇，但实际经验与公司需求相去甚远；另一方面，一些潜在优秀的候选人可能使用了不同的表述方式，如用"区域负责人"代替"区域销售经理"，导致被系统忽略。

张三意识到，简单的关键词匹配无法代替对简历的深入理解和分析。他需要一个更加系统、全面的筛选框架，能够将人才画像中的多维度要求转化为可操作的筛选标准。经过研究和思考，张三决定采取分级筛选的策略，将人才画像中的指标划分为不同优先级，并结合多种筛选技巧提升效率。

首先，张三明确了画像核心指标的优先级。他将人才画像中的要素分为三类：必选项、重要项和加分项。必选项是绝对不能妥协的基本条件，如"5年以上快消品行业销售经验""2年以上团队管理经验"和"本科及以上学历"；重要项是对候选人评估具有较大影响的能力和经历，如"区域市场开拓经验""渠道管理能力"和"业绩达成记录"；加分项则包括一些理想但非必需的素质，如"行业获奖经历""多元化产品线管理经验"等。

这种分级使张三能够快速对简历进行初步筛选。不符合必选项的候选人直接被排除在外，这一步骤迅速将候选人数量从300人减少到约120人。但这仍是一个庞大的数字，需要进一步筛选。

接下来，张三建立了一个关键词库，但这不再是简单的词汇匹配，而是建立在对岗位深入理解基础上的智能筛选。他将关键词分为硬技能和软素质两大类。硬技能关键词直接对应岗位所需的专业能力，如"销售目标达成""团队建设""客户关系管理""市场分析"等。张三注意到，真正有经验的候选人往往会在简历中具体描述这些能力的应用场景和成果，而非仅仅列出关键词。软素质关键词则更多体现在候选人描述工作经历的动词和成果中。例如，"主导""建立""优化"等动词可能反映领导力和主动性；"分析""评估""解决"等词汇可能体现问题解决能力；"协调""沟通""整合"等词则可能说明团队协作能力。张三特别关注这些动词与具体成果的结合，如"带领团队完成销售目标，同比增长30%"，这种表述比单纯的"负责销售工作"更能说明候选人的实际能力。

除了关键词分析，张三还采用了时间线聚焦法来提升筛选效率。他重点关注候选人最近3段工作经历，特别是职位、公司性质、在职时长和主要职责。这种方法基于一个假设：候选人最近的工作经历对其当前能力和发展方向的指示作用最强。通过关注这些关键信息，张三能够快速判断候选人的职业发展轨迹是否与区域销售经理岗位相匹配。

在这个过程中，张三特别注意排除一些潜在的风险信号，如频繁跳槽（1年内换岗2次以上）、工作经历中存在长期空白期、职位发展轨迹不连贯等。这些信号可能预示着候选人的职业稳定性或职业规划存在问题，需要在后续面试中特别关注。

项目经验也是张三重点关注的部分。他不仅看项目的规模和性质，更关注候选人在项目中的角色和具体贡献。那些能够清晰描述自己负责内容、采取行动和取得成果的候选人，通常比只列出项目名称的候选人更有可能具备实际能力。特别是那些能够量化成果的描述，如"带领团队开发5个关键客户，贡献销售额1200万元"，往往能更好地证明候选人的实际能力。

为了增加筛选效率，张三还考虑了反向验证法，针对人才画像中的隐性需求，在简历中寻找相应的验证点或矛盾点。例如，区域销售经理岗位需要较强的抗压能力，如果候选人的工作经历中全是短期项目且无加班或高压环境的描述，可能需要谨慎评估其抗压能力；又如，公司文化强调创新，但候选人的简历中只描述了执行类工作，缺乏创新性成果，这也是需要注意的不匹配点。

通过这些方法的综合应用，张三将120份简历进一步筛选至40份。然而，这个数量对于后续的面试来说仍然过多。为了更高效地确定最终的面试名单，张三设计了一个简单的评分系统，给人才画像中各要素的重要性赋予不同的分数。

完全匹配硬指标（如行业经验、管理经验）：+20分

有目标公司或竞争对手公司工作经验：+15分

工作成果数据化、具体：+10分

职业发展轨迹稳定、清晰：+10分

具备特殊技能或资源（如特定区域市场经验）：+15分

存在风险信号（如频繁跳槽）：-10分

通过这个评分系统，张三能够对候选人进行量化排序，优先处理得分较高的简历。为了提高筛选的一致性和客观性，张三还制作了一份《简历筛选对照表》，明确列出了各项指标的判断标准。例如，对于"数据分析能力"，需要在简历中体现具体的数据处理工具使用经验；对于"团队管理能力"，则需要明确说明管理团队的规模、性质和取得的成果。这一系列措施能够让简历更加精准且更符合人才画像。

在一次管理层会议上，张三分享了这套简历筛选方法带来的成效：招聘周期缩短了30%，面试效率提升了50%，新入职员工的试用期通过率提高了25%。这些数据有力地证明了科学、系统的简历筛选对整个招聘流程的积极影响。

对于中小企业来说，这种提升既有战略意义，也有实际价值。在激烈的人才竞争中，招聘效率和质量往往是中小企业相对大公司的劣势。通过建立系统化的筛选方法，公司能够更快地锁定合适的候选人，提高招聘成功率，从而在人才竞争中赢得优势。

然而，尽管张三的方法取得了显著成效，他也发现一些问题。

（1）如何平衡效率和全面性。过于严格的筛选标准可能会错过一些潜力候选人，而过于宽松的标准则会增加后续面试的工作量。

（2）过度依赖关键词的风险。简历中出现的关键词并不一定代表候选人真正具备相应能力，有些候选人可能刻意堆砌热门词汇以提高被选中的概率。为了降低这一风险，张三在关注关键词的同时，更注重这些词汇出现的上下文和相关描述的具体性。

（3）极有可能忽略隐性能力。因为有些关键能力可能不会直接在简历中表述，而是隐藏在工作描述和成果中。例如，一位候选人的简历中可能没有明确提到"问题解决能力"，但其项目描述中的"分析→优化→验证→迭代"这样的动词链，可能恰恰反映了其具备系统化解决问题的思维。通过快速浏览简历总结出此人的隐形能力需要HR具有专业知识和经验。

（4）时间和精力的巨大消耗。即使有了结构化的筛选框架，人工阅读和评估每份简历仍然是一项耗时费力的工作。在招聘高峰期，张三经常需要加班到深夜，才能完成简历的初步筛选。这种工作方式不仅影响了他的生活，也挤占了他处理其他重要HR事务的时间。

（5）认知疲劳导致的判断偏差。连续阅读大量简历后，张三发现自己的注意力和判断力会明显下降。有时候，他会因为精神疲惫而错过简历中的关键信息，或者对相似背景的候选人产生"视觉疲劳"，无法做出准确区分。这种状态下的筛选决策往往缺乏客观性和准确性。

（6）标准应用不一致。尽管张三制定了详细的筛选标准和评分系统，但在实际操作中，他发现自己很难完全一致地应用这些标准。而且不同的HR进行筛选时，用的标准也会完全不一样。

（7）跨部门协作的沟通障碍。向业务部门解释筛选标准时，张三经常需要花费大量时间进行沟通和说明。业务经理们通常更关注业务本身而非人才评估方法，这种认知差异增加了沟通难度和协作成本。

面对这些痛点和挑战，张三开始思考是否有更智能、高效的解决方案。带着这样的思考，张三将目光再次投向了DeepSeek这款AI工具。深入研究后，张三如获至宝：DeepSeek凭借对文本内容的深度理解，以及强大的语义分析能力，能大幅提升HR筛选简历的效率和准确性。然而，将DeepSeek嵌入其他招聘软件，对于既缺乏技术资源，又没有代码能力的HR来说，操作难度较大。好在借助DeepSeek精心设计的提示词，搭配专业的背景资料，就能有效解决简历筛选的难题。

借助DeepSeek筛选简历的实操步骤如下。

1. 准备需要AI筛选的简历资料

实操时请注意，请直接复制简历内容或将图片保存为PDF格式，再对AI进行投喂。

▎AI训练资料2.4.1

候选人简历（6份）

扫描二维码获取简历样本

2. 输入提示词

延续生成人才画像的AI训练场景与对话，投喂上述PDF并提供RTRF结构性提示词。

第2章 AI在招聘链路中的嵌入运用

> **AI训练资料2.4.2　提示词**
>
> 角色：你是一名高级招聘经理
> 任务：我需要做面试邀约决策，请你帮我筛选出合适的人选。
> 要求：
> 1. 识别并分析上传的简历；
> 2. 基于前述已有的人才画像，帮我找出最适合的人选。
> 格式：
> 结构清晰，内容精简。

3.生成结果

> **AI生成结果2.4.1**
>
> **基于人才画像的筛选结果**
>
> | 排名 | 姓名 | 匹配优势 | 潜在风险 |
> | --- | --- | --- | --- |
> | 1 | 郭×× | 1.12年家居建材行业管理经验
2.成功开拓70多家门店，实现9000万元销售额
3.具有战略转型实操经验（直营转代理） | 期望月薪资5万元，超过常规预算范围 |
> | 2 | 袁×× | 1.智能家居领域6年渠道管理经验
2.主导建立28家专卖店
3.具备展会运营经验 | 行业匹配度偏差15% |
> | 3 | 尹× | 1.研究生学历，超标准要求
2.数字化客户资源管理经验突出
3.具有楼盘团购项目经验 | 区域管理经验仅4年 |
>
> 决策建议：
>
> 优先面试郭××：安排高管直接面谈，重点考察其战略规划能力与薪资弹性。
> 备选袁××：设置案例考核，验证其传统建材行业适应能力。
> 储备尹×：作为潜力人选培养，考察其管理能力成长空间。
> 淘汰人选：黄×、杨×（学历未达标）、禹×（岗位匹配度过低）。

作者注：本系列实操所提供的提示词，均经团队多轮优化、反复测试，具备较强的适用性与参考价值。考虑到不同公司业务模式、应用场景存在差异，建议使用者在参考时，结合公司实际情况灵活调整。

本节配套资料下载

第5节　从数据到决策——构建招聘数据分析体系

作为苏州这家快消品行业公司的HR，张三在过去几个月成功建立了基于人才画像的面试体系，大大提高了面试的准确性和效率。但在季度绩效复盘会议中，张三发现招聘效率依然有非常大的问题。S1～S4级别的销售岗位的招聘周期都在20～30天。另外，简历量超过300份/周，电话触达数量却不超过100个/周。问招聘HR，发现压根没有招聘数据的相关统计与分析，需要时再去找数据。面对这个尖锐的问题，张三意识到，仅靠改进面试体系是不够的。招聘问题背后可能隐藏着更深层次的系统性缺陷，必须通过数据分析找出根本原因，并制定有针对性的优化方案。于是张三开始在人力资源部开展招聘数据统计分析工作。

1.指导招聘HR通过招聘数据找问题

张三决定从销售代表岗位入手，这是公司当前最具挑战性的招聘岗位。他首先需要收集足够的数据来支持分析。他让招聘HR整理了过去一年各招聘渠道的数据，汇总各渠道的简历数量、匹配度、转化率等指标后，很快发现几个明显的问题。

行业展会收到了大量简历（占总量的35%），但这些候选人与岗位的匹配度只有58%，远低于70%的行业平均水平。内推渠道虽然只贡献了20%的简历，但这些候选人的试用期通过率高达85%。张三回想起最近表现优秀的几名销售代表，确实都是通过内部推荐加入的。而常见招聘网站的简历有效率是38%，这些候选人从面试到实际入职平均要比其他渠道多花15天。

张三同时还指导招聘HR将每个环节的转化率与行业标准进行了对比。

简历筛选→初试：通过率45%（行业均值56%）

初试→复试：通过率62%（行业均值68%）

复试→offer（录用信）：通过率78%（行业均值82%）

offer→入职：接受率65%（行业均值72%）

这个招聘漏斗数据能够清晰地显示公司在每个招聘环节的转化率都低于行业平均水平，尤其是简历筛选和offer接受环节的差距最为明显。

"这解释了为什么我们的招聘周期如此之长，"张三告诉招聘HR，"其实招聘中的每个环节都有改进空间，但简历筛选和offer环节可能是最关键的突破点。"

除了这些，张三还让招聘HR把新人入职后的表现数据进行还原，发现了两条关键信息。

- 入职后3个月客户拜访量低于40次的员工，首年业绩达成率仅60%。
- 成功签约3个以上新客户的员工，留存率高达85%。

这些数据证明，早期的工作活跃度和成功经验对销售人员的长期表现和留存有重要影响。而这些都应该成为公司招聘评估和入职培训的重点。

2.围绕数据进行分析，找到背后的本质问题

经过长达一周的数据整理和分析，张三带领招聘HR在办公室里贴满了各种图表和数据。在周五的下午，两人开始总结核心问题，确定了以下三个关键问题。

1）渠道低效问题：资源错配

张三在白板上画了一个饼图，显示招聘预算的分配与各渠道的效果完全不匹配。行业展会消耗了40%的预算，但带来的合格候选人比例最低；而内推渠道只分配了10%的资源，却提供了最优质的候选人。"我们没有针对不同渠道的特点制定差异化的招聘策略，"张三在结论下方写道，"而是采用撒网式的方法，导致资源浪费。"

2）评估偏差问题：标准错位

张三进一步审视了面试评估表，发现了一个严重的问题：初试过度侧重产品知识考核（权重60%），而对客户资源和谈判能力的评估权重合计仅占30%。然而，后续数据表明，客户资源和谈判能力对销售代表的实际业绩影响更大。

"我们选错了人，"张三意识到，"我们选出的候选人产品知识丰富，但缺乏开发客户和促成交易的核心能力。"

3）流程冗余与缺失：效率与准确性的双重损失

仔细分析招聘流程后，张三发现流程设计存在明显缺陷：一方面，缺少客户案例分析环节，导致无法有效评估候选人的实际销售能力；另一方面，某些环节（如背景调查）过于冗长，平均耗时7天，而这一环节对最终决策的影响有限。"这证明我们的流程不够高效，也不准确，"张三在笔记中写道，"这不仅延长了招聘周期，也影响了候选人体验，

导致offer接受率低于行业平均水平。"

3.在公司内部提出优化方案

"基于数据分析，我提出以下三个方面的优化方案。"张三站在投影屏幕前，自信地说道。

1）渠道优化策略：投资最有回报的渠道

张三首先展示了一张对比图，显示各渠道的投入产出比。然后他提出了具体的优化建议。"我们应该调整渠道投入比例，"张三指着图表说，"减少行业展会投入，将节省的预算转向内推计划。具体来说，我建议将内推奖励从目前的500元/人提升至1000元/人，同时与常见招聘网站重新协商合作模式，采用'到岗付费+保证期'的方式。"

他还建议对不同渠道采用差异化的筛选标准：对行业展会渠道的简历，重点筛查客户资源和销售业绩；对内推渠道，适当放宽经验要求，更注重文化匹配度；对招聘网站渠道，增加稳定性评估环节，如职业规划和价值观匹配。

李总经理点点头："这些建议很有针对性，成本也不高。我们可以立即实施。"

2）评估体系改进：聚焦真正重要的能力

接下来，张三提出了评估体系的改进方案。"我们需要重构面试评分权重，"他对比了新旧评分表，"将产品知识的权重从60%降至30%，将客户资源和谈判能力的评估权重提升至50%，并新增销售韧性评估维度，权重20%。"

为了更准确地评估候选人的实际销售能力，张三还建议引入情境模拟环节：设计标准化的销售情境模拟案例，要求候选人进行现场演示，并邀请销售经理参与评估，提供专业反馈。

销售总监插话道："这正是我们一直想要的。知识可以学，但销售的核心能力是很难短期培养的。"

3）招聘流程优化

最后，张三提出了流程优化方案。"我们可以通过两方面改进招聘流程，"张三解释道，"一方面精简冗余环节，如将背景调查与面试同时进行，简化offer审批流程，从三级审批减少至两级；另一方面，优化候选人体验，建立定期沟通机制，优化offer沟通方式，安排入职前的团队融入活动。"

就这样，张三的方案得到了管理层的一致认可。总经理当场决定：立即启动招聘优化计划，并要求张三每月汇报进展。

几个月后，张三再次向公司高管汇报：

平均招聘成本降低了22%，主要得益于渠道优化和内推比例的提升。

重复招聘的岗位减少30%，节省了大量的资源和时间。

然而，张三却清楚地知道，虽然他取得了阶段性的成功，但这并不是终点。在整个优化过程中，他遇到了不少难以解决的困境，而这些问题可能会长期存在。这段时间他几乎什么都没有做，每天都在看数据。他深刻意识到，仅仅凭借HR个人的力量，想要全面、深入地分析招聘中的问题，依然存在诸多难点和局限性。

以下是张三在工作过程中遇到的几个主要难点。

（1）在样本量不够的时候，做出优化决策难度非常大，某些岗位一年只招聘1~2人，样本量太小，无法进行趋势分析。由于数据样本不足，某些渠道的效果评估可能受到偶然性因素的干扰，例如个别候选人表现异常。

（2）从招聘数据也能看到很多其他模块做得不到位的地方，需要关联性思考。如果专业度不够，那思考深度一定不够，即使张三指导了招聘HR，但因为经验问题，他依然无法判断到底有哪些问题。

（3）工具与技术的限制。过度依赖Excel进行数据分析，虽然这是一种灵活且低成本的工具，但对于更复杂的招聘数据分析需求，Excel显得力不从心。例如Excel无法分析多维度、多变量的数据，也无法预测优秀候选人的特质或离职风险。

（4）依靠HR个人的力量，还是缺乏预测性分析能力。

针对这些痛点问题，张三准备用DeepSeek来辅助完成这些"人"无法完成的工作。

具体实操过程如下。

1.准备训练AI的专业资料

> **AI训练资料2.5.1**

招聘日常管理数据统计表

全职级招聘漏斗数据

职级	简历量/份	初面通过/人	复面通过/人	终面通过/人	Offer发放/人	入职人数/人	转正率	周期/天
S1	3600	2592	1555	1088	872	785	89%	27
S2	1800	1080	648	389	311	264	82%	41
S3	900	450	270	135	95	81	76%	55
S4	450	180	90	45	32	27	84%	63

渠道效能与成本分析

渠道类型	总花费/万元	S1面/录/人	S2面/录/人	S3面/录/人	S4面/录/人	ROI
展会	48.0	320/38	180/22	90/8	45/4	0.9
内推	22.5	180/49	85/25	42/11	28/6	3.6
网站	35.0	420/62	230/34	120/15	36/5	1.8
猎头	68.0	—	65/12	48/9	24/9	2.1

质量评估

职级	试用通过率	首年达标率	错招成本/万元	高绩效来源
S1	91%	78%	8.4	内推68%
S2	85%	72%	14.6	猎头55%
S3	82%	65%	23.5	网站42%
S4	93%	88%	35	猎头61%

候选人体验调研数据

职级	面试评分（总分5分）	响应及时率	流程投诉量/份	NPS[①]
S1	4.3	92%	12	32
S2	3.8	85%	21	15
S3	3.2	73%	38	−8
S4	4.1	88%	9	28

2.输入提示词

将上述招聘数据资料投喂给DeepSeek，并提供RTRF结构性提示词。

---

① NPS：净推荐值。

AI训练资料2.5.2　提示词

角色：你是一位人力资源专家

任务：解析附件并进行深度解读后生成《招聘数据分析、诊断与改进决策报告》

要求：

一、内容框架

1. 重点数据（3项最关键异常指标）
2. 全面诊断（需要至少有以下6个维度，每点需含数据对比）：

   漏斗分析异常

   企业吸引力指数

   岗位渠道匹配度

   人才筛选准确性

   外部人才供给量

   薪酬市场竞争力

3. 业务影响（短期损失/长期风险）
4. 行业对标表（4项核心指标对比）
5. 改进策略（含具体实施方式和执行人）
6. 风险防控表（风险点+应对方案+监控指标）

二、格式要求

1. 使用HR及企业高管能看懂的语言和熟悉的风格
2. 给每个数据标注来源字段
3. 策略需具体可执行（如：技术岗薪资上浮至75分位）
4. 包含行业健康值参考（如：薪酬竞争力≥65分位）

三、补充说明

1. 优先呈现影响业务营收的数据
2. 所有改进方案需说明执行步骤和验收标准
3. 需包含《风险防控表》和《行业对标表》
4. 避免使用HR专业术语（如将"漏斗转化率"改为"每招1人需面试58个应聘者"）

3.生成结果

> **AI生成结果2.5.1**

招聘数据分析、诊断与改进决策报告（最终修订版）

苏州××快消公司 ｜ 2023年第4季度

一、重点数据（全部基于附件数据）

1. 每招1名S4级区域经理实际花费7.56万元
   a. 来源：猎头渠道数据（文件"招聘日常统计数据表"Sheet2，总花费68万元/9人）
   b. 对比：行业健康值≤5万元/人▼

2. 展会渠道每万元仅产出0.9万元业绩
   a. 来源：渠道效能分析（文件Sheet2原始数据：投入48万元/入职53人）
   b. 解释：每万元投入仅获取1.1名合格候选人

3. S3级岗位每月收到300份简历仅入职9人
   a. 来源：Sheet1数据（900份季度简历÷3个月）
   b. 转化率：仅0.3%▼（行业均值≥2%）

二、全面诊断分析

1. 漏斗效能短板

核心问题	公司现状	健康值	数据坐标
S4级终面通过率	41%▼	55%	Sheet1!H4
S3级简历转化效率	0.3%▼	2%	Sheet1!B3-C3

微观分析：每处理90份S3级简历需耗费HR15小时（根据文件Sheet1周期数据推算）。

2. 企业吸引力痛点

指标	现状	健康值	数据来源
Offer接受率	62%▼	75%	Sheet4候选人调研
流程投诉量（S3级）	38件▼	≤15	Sheet4!E3

3. 渠道成本错配

渠道类型	实际ROI	健康值	成本明细/元
猎头	2.1:1	≥3:1	68万（Sheet2!B5）
展会	0.9:1▼	≥1.5:1	48万（Sheet2!B4）

4. 筛选标准偏差

岗位	错招成本/万元	评估缺陷	数据支撑
S3级	23.5	产品知识考核占比60%，过高	Sheet3高绩效来源分析
S4级	35	缺少跨区域管理能力评估	Sheet3质量评估数据

5. 人才供给情况

岗位	月均简历量	健康值	数据坐标
S3销售主管	300份▲	≥200	Sheet1!B3按季度换算
S4区域经理	150份▼	≥300	Sheet1!B4按季度换算

矛盾点：S3级供给充足但转化率极低（需优先修复筛选流程）。

6. 薪酬竞争力

岗位	分位值	健康值	来源说明
S4级	65▼	75	引用行业薪酬报告

三、业务影响评估

- 低效渠道每使用1个月，损失￥23万（按ROI差值计算）
- S3转化率每提升1%，季度增收￥210万（按人均月产值4万元测算）

四、行业对标表

对标维度	现状	健康值	差距
高管面试时效	4.2小时/人▼	≤2小时/人	超时110%
猎头单人录用成本	7.56万元▼	≤5万元	超标51%
有效简历转化率	0.3%▼	≥2%	低85%
招聘成本营收占比	2.8%▼	≤1.5%	超标87%

五、改进策略

策略1：渠道成本重构（招聘总监）

- 步骤：
  - 降低猎头费率：从25%降至18%（2月前完成）
  - 停用2个低效展会（1季度节省48万元）
  - 开拓行业垂直社区（3月试点）
- 验收：
  - 第2季度猎头单人录用成本≤5万元（现7.56万元）
  - 渠道ROI提升至2.5:1（现2.1:1）

策略2：智能筛选升级（HRBP）

- 措施：
  - 部署AI简历解析系统（2月上线）
  - 设置自动拒信模板（24小时响应）
- 目标：
  - 简历处理效率提升50%
  - 转化率提升至1%（现0.3%）

策略3：评估标准优化（业务部门）

- 调整：
  - 降低S3级产品知识考核比例至30%（原60%）
  - 新增客户开发实战模拟（4月实施）

六、风险防控表

风险点	应对方案	监控指标
猎头合作纠纷	给谈判团队配备法律顾问	合同修订完成率100%
AI误判优质简历	人工复核比例保持在20%	误筛率≤3%
业务部门抵触新评估标准	选择3个团队进行试点	试点通过率≥80%

数据溯源声明

1. 所有数值均直接引用自《招聘日常管理数据统计表_1xGaz4.xlsx》
2. 计算示例：

S4级单成本 = Sheet2!B5（68万）÷Sheet2!F5（9人）

简历转化率 = Sheet1!G3（81人）÷（Sheet1!B3÷3）（300人）

实操注意：在生成这样的数据分析和诊断报告时，DeepSeek经常会出现一些莫名其妙的数据和莫名其妙的错误，统称"幻觉"。此时，HR可以通过以下几种形式进行纠偏。

（1）直接询问法（如：表格里为什么会出现"算法工程师"？我给的表格是"销售部"）

（2）让它自己复查（如：再次围绕我前述投喂的资料复查）

（3）追加约束条件（如：再次复查，不要有虚拟数据和模拟数据，全部基于投喂资料）

本节配套资料下载

第 3 章

AI与薪酬、绩效的深度融合

第1节　绩效数据分析

杭州智能未来硬件有限公司是一家已有17年历史的智能硬件制造企业，虽然在市场上拥有一定声誉，但内部管理却面临着不小的挑战。公司2025年战略目标明确指向三个方向：提升市场占有率，优化生产效率，提高产品质量。然而，行业竞争日益激烈，技术更新迭代速度快，供应链管理混乱，各部门之间沟通不畅，这些因素都让公司的绩效管理显得尤为重要。

李明作为新上任的人力资源总监，刚刚踏入这家有着深厚历史积淀的企业时，就敏锐地察觉到了一个核心问题：绩效管理闭环的缺失。在与各部门负责人的交流中，他发现大多数管理者都是伴随公司成长起来的老员工，他们对绩效管理存在天然的排斥心理，认为这不过是人力资源部门的一项形式化工作，与业务发展关系不大。

"我们公司发展到今天，靠的是产品和技术，不是那些表格和评分。"这是李明在第一次管理层会议上听到的典型反馈。这种观念在公司扎根已久，使得绩效管理长期停留在表面层次，无法真正发挥引导和激励作用。

李明深知，在这样的环境中，任何激进的变革都可能遭遇强烈抵制。他需要找到一个切入点，既能展示绩效管理的价值，又不会引起管理层的过度反感。经过深思熟虑，他决定从最基础的绩效数据分析入手，用事实和数据说话，逐步推动管理理念的转变。

1.绩效数据分析的重要性

在翻阅公司过去的绩效记录时，李明发现了问题的严重性：人力资源部门对绩效数据的处理仅限于最简单的统计汇总，如完成率的百分比、部门排名等。对于未完成的KPI指标，没有进一步拆解与分析，没有记录这些指标未完成的程度、持续时间和影响范围，更没有深入挖掘未完成背后的原因和可能的解决方案。这种粗放的数据处理方式，使得绩效评估成为一项孤立的工作，无法为业务决策提供有价值的参考。

"如果我们连问题在哪里都说不清楚，又怎么能指望解决问题呢？"李明在人力资源团队的内部会议上提出了这个尖锐的问题。他明白，要推动任何形式的绩效改进，首先必须建立一套系统化的数据分析框架，从而形成有说服力的诊断意见。绩效数据分析并不仅仅是对数字的简单处理，更是对企业问题的深入解读。通过数据分析，企业可以明确绩效指标的完成情况，识别未达成目标的具体原因，并据此制定更加精准的解决方案。这个过程不仅能够为业务决策提供支持，也能帮助管理者认识到绩效管理的真正价值。

李明决定从市场营销中心开始试点这一新方法。选择这一部门的考量因素包括：一方面，市场营销中心直接面对客户，其绩效问题相对容易量化和观察；另一方面，这一部门的负责人虽是公司元老，但相对开明，愿意尝试新的管理方法。

2.数据分析框架的建立

李明首先着手构建了一套完整的绩效数据框架。这套框架不再满足于简单的完成率统计，而是深入每一个KPI指标的细节：未完成指标的具体差距、持续时间、历史趋势、与其他指标的关联性以及对整体目标的影响程度。同时对公司战略和部门年度核心目标进行整理，这样在进行绩效数据分析和诊断的时候，紧紧围绕战略影响和部门年度核心目标进行。

在具体操作中，李明将绩效数据分为以下几个层次进行分析。

（1）表现层面。这一层次关注绩效的外在表现，比如销售额的下降、客户满意度的降低、市场份额的流失等。这是最直观的数据，也是企业最容易注意到的问题。

（2）原因层面。这一层次通过数据关联分析，揭示导致问题的直接原因，比如产品交付延迟、竞争对手价格战、销售团队专业度不足等。

（3）系统层面。这一层次进一步深入，探索问题背后的组织机制，比如部门之间的沟通不畅、资源分配不合理、管理方式的缺陷等。

3.绩效诊断中的发现

数据整合后，李明发现市场营销中心的问题比想象中更加复杂。表面上看，销售团队的目标完成率偏低，但深入分析后发现，这一问题与多个因素相关：一方面，市场竞争加剧导致获客难度增加，另一方面，内部供应链管理混乱导致产品交付延迟，影响了客户信任。更值得注意的是，不同销售人员之间的绩效差异显著，表现最好的销售代表销售额是最差者的三倍多。

在绩效数据分析的过程中，李明特别关注数据的关联性。例如，他发现销售额的下降不仅与市场竞争有关，还与客户满意度的下降直接相关。而客户满意度的下降则与产品交付延迟和售后服务质量不好有很大关系。这种数据关联分析帮助管理者明确了问题的影响范围和相互关系，为后续的资源分配和改进措施提供了依据。

李明将这些发现归纳为以下三类问题。

（1）能力问题。例如部分销售人员对新产品特性理解不足，影响了与客户沟通的效果。

（2）资源问题。例如，销售工具不足或产品交付延迟，影响了团队的工作效率。

（3）态度问题。例如，部分员工缺乏主动性或对工作目标的认同感不足，导致工作积极性不高。

这些问题的分类不仅有助于管理者理解问题的性质，也为后续的改进措施提供了方向。

4.在经营例会中讨论绩效分析诊断报告

有了这些详实的数据分析，李明准备在公司的经营例会上说明这些发现。他深知，在一个以业务为导向的环境中，任何管理变革都必须证明其对业务的价值。因此，他精心准备了一份诊断报告，不仅展示了绩效问题的表现和原因，还量化了这些问题对业务目标的影响，并提出了具体的分析结论。

在经营例会上，李明的报告引起了管理层的广泛关注。通过详实的数据和清晰的逻辑，他成功地将绩效问题与业务挑战联系起来，使管理层认识到绩效管理不仅是HR的工作，更是业务成功的关键因素。特别是当他展示了销售团队的绩效差异如何直接影响市场份额和客户满意度时，连最初持怀疑态度的管理者也开始重新思考绩效数据分析的价值。

"这是我第一次看到绩效数据能够如此清晰地解释业务问题。"市场营销中心的王经理在会后评价道，"过去我们总是凭经验判断问题，现在有了数据支撑，决策更有底气了。"

李明的诊断报告特别关注了几个关键点：首先是绩效缺口的精确量化，不仅指出了销售目标的完成差距，还就绩效问题的根源进行分析，通过数据关联揭示了销售业绩下滑与产品交付延迟、竞品价格战以及销售人员专业度不足等多重因素的关系；其次是绩效问题对业务的影响评估，包括市场份额损失、客户流失率上升以及品牌声誉受损等方面的量化分析。

这份深入的绩效诊断报告为管理层提供了一个全新的视角，使他们认识到绩效数据不仅是评价工具，更是决策依据。通过系统的数据分析，公司能够更加精准地识别问题所在，从而为后续的业务决策和资源分配提供支持。

任何绩效改进措施都必须建立在准确诊断的基础上。如果没有对绩效数据的深入分析，任何改进计划都将缺乏针对性，也难以落地实施。绩效数据分析的核心价值，就在于通过全面、细致的诊断，帮助企业找到问题的症结，并为下一步的行动提供清晰的方向和依据。

通过这一次的试点工作，李明逐步为绩效改进奠定了基础。他深知，真正的绩效提升需要更长时间的努力，而眼下最重要的，是通过数据分析让管理层看到绩效管理的实际意义。绩效数据分析不是终点，而是开启绩效管理闭环的第一步。

5.中小企业实施绩效数据分析的卡点

然而，在实施绩效数据分析的过程中，中小企业往往会遇到一些特有的挑战。以下是智能未来硬件有限公司以及类似企业可能遇到的几个关键卡点。

（1）数据质量问题。中小企业的绩效数据通常分散在不同的系统中，格式不统一，缺乏数据清洗和整合的能力。这会导致数据分析过程复杂化，甚至影响分析结果的准确性。

（2）技术门槛较高。绩效数据分析需要一定的数据挖掘技术和专业工具，但中小企业往往缺乏专业团队和预算支持，导致数据分析实施困难。

（3）穿透力不足。大多数HR和业务管理者只能看到表面数据，无法穿透数据看到本质问题。

基于这些卡点和痛点，HR能够使用DeepSeek轻松解决这些问题。

以下为李明以市场营销中心资料为例进行的操作。

1.进行简单的公司背景资料整理及数据清洗

> **AI训练资料3.1.1**

公司背景资料

企业名称：智能未来硬件有限公司

行业：智能硬件制造业

核心业务：

生产、研发和销售智能硬件产品（主要是智能家居设备）。

规模：中型企业，员工约500人。

客户群体：C端[①]客户

公司战略目标：

　　提升市场占有率，成为智能硬件领域的标杆企业。

　　优化生产效率，降低成本。

　　提高产品质量，减少售后故障率。

现阶段面临挑战：

　　行业竞争激烈，技术更新速度快。

　　供应链管理芯片、传感器等关键部件的供应不稳定。

　　客户需求多样化，定制化生产难度大，生产部和研发部协作水平不高。

组织架构：

　　技术研发中心：硬件研发部、软件研发部、产品设计部

---

① C端：指面向个人用户的消费产品。

生产制造中心：生产管理部、品质控制部
市场营销中心：品牌推广及市场策划部、销售部
供应链管理中心：采购部、仓储物流部、供应商管理部
职能服务中心：售后技术服务部、客服部
职能管理中心：财务部、法务部、行政人事部、IT部

AI训练资料3.1.2

市场营销中心各部门季度绩效完成情况（节选）

部门	时间	部门KPI具体完成情况			
^	^	品牌推广活动数量/个	活动覆盖人数/人	活动投资回报率（ROI）/%	客户反馈评分/分
品牌推广及市场策划部	2023年1月	5	10 000	150	85
^	2023年2月	6	12 000	160	87
^	2023年3月	4	8000	140	83
^	时间	月销售额/万元	A类客户转化率/%	新增A类客户数量/人	销售团队总体达标率/%
销售部	2023年1月	980	32	110	90
^	2023年2月	1050	35	89	95
^	2023年3月	910	30	128	88

市场营销部在编数据（节选）

部门	岗位名称	人数编制/人
品牌推广及市场策划部	品牌与市场策划经理	1
^	商务拓展主管	1
^	品牌及市场分析主管	1
^	活动策划运营主管	1
^	运营专员	2
^	平面设计师	1

（续表）

部门	岗位名称	人数编制/人
销售部	高级销售经理	1
	销售督导	1
	销售运营助理	1
	高级销售专家	4
	中级销售专家	17
	初级销售员	32
合计		63

市场营销中心各岗位的KPI和目标值（节选）

岗位名称	KPI	目标值
品牌与市场策划经理	1.品牌推广活动策划数量	每季度5~6个活动
	2.活动覆盖人群规模	每季度8000~12 000人
	3.活动ROI管控	140%~160%
商务拓展主管	1.商务合作资源导入	每季度3~5家合作伙伴
	2.合作资源价值	降低活动成本20%~30%
	3.异业合作活动数量	每季度2~3个
品牌及市场分析主管	1.市场分析报告输出	每季度3~4份
	2.活动效果分析	分析误差控制在±5%以内
	3.目标人群覆盖分析	匹配度80%以上
	4.客户反馈数据收集与分析	完整率90%以上，3天内完成

品牌及市场策划部绩效数据（2025年1月-3月）

岗位名称	达成指标（≥100%）	未达成指标（<100%）
品牌与市场策划经理	品牌推广活动策划数量（100%）	活动覆盖人群规模（95%） 活动ROI管控（96%）
商务拓展主管	商务合作资源导入（100%） 异业合作活动数量（100%）	合作资源价值（94%）

（续表）

岗位名称	达成指标（≥100%）	未达成指标（<100%）
品牌及市场分析主管	市场分析报告输出（100%） 客户反馈数据收集完整率（103%）	活动效果分析误差（92%） 目标人群覆盖匹配度（96%）
活动策划运营主管	活动执行数量（100%） 活动执行ROI（101%）	活动参与人数（96%） 活动现场满意度（98%）
运营专员	活动任务完成率（102%） 社交媒体推广增长率（107%）	活动参与者互动率（99%） 用户反馈响应率（99%）
平面设计师	品牌视觉物料制作数量（100%）	设计物料传播范围（94%） 设计制作成本控制（98%） 设计满意度评分（99%）

2.输入提示词

AI训练资料3.1.3　提示词

角色：具备市场营销与人力资源管理双重视角的战略绩效分析专家

任务：就市场营销中心的部门绩效及岗位绩效达成情况进行分析，并生成2025年1月-3月绩效分析报告，可用于经营例会上与CEO及业务副总沟通。

1. 自动识别及解析上传的数据及文档（Excel/Word等背景文档）
2. 按KPI关联矩阵思维进行分析（战略目标→部门指标→岗位指标）
3. 围绕公司战略和部门核心目标进行绩效数据的分析及诊断
4. 改进措施必须满足SMART原则
5. 风险预测需包含影响概率
6. 改进措施要包含短、中、长期的策略和措施
7. 自动匹配责任矩阵（部门/岗位/协作方）
8. 生成执行路线图（含里程碑与验证指标）

专业要求及格式：

1. 用文档或表格的形式，避免代码或markdown格式
2. 内容需要包括：关键发现、数据分析、问题诊断及优先级、改进策略及措施建议
3. 问题描述要完整且全面，不要压缩，改进策略也是同样，不限制字数
4. 不要虚拟数据，只局限在现有资料

系统需在生成过程中自动执行：

> 数据完整性检查
> 逻辑矛盾检测
> 战略一致性验证

作者注：生成长内容、复杂内容时，DeepSeek非常容易"偷懒"，虽然结构完整，但具体内容却有较多省略。职场人在进行训练时，可以加上这样一句提示（问题描述要完整且全面，不要压缩，改进策略也是同样，不限制字数）。另外，如果不想只有关键发现、数据分析、问题诊断及优先级、改进策略及措施建议，那可以不写这句话，让AI自由发挥，再进行调优。

3.生成结果

生成结果可扫描下方二维码查看。

4.追加提示词，让AI自己复查与调优

● **AI训练资料3.1.4　提示词**

> 就前面的完整报告进行复查，看其中有没有不正确或与投喂资料不符合、与提示词要求不符合的地方。
> 等AI生成问题点后，再次追加提示词。

● **AI训练资料3.1.5　提示词**

> 把这些问题点优化掉后重新生成诊断分析报告。

5.生成优化版结果

生成结果可扫描下方二维码查看。

本节配套资料下载

第2节　员工个人绩效数据分析与个人绩效改进措施

在成功推动部门绩效数据分析的试点工作后，李明意识到，仅仅停留在部门整体绩效分析层面还远远不够。要实现真正的绩效改进，不仅需要管理层对整体绩效数据有清晰的认知，还需要深入分析每位员工的个人绩效数据，帮助管理者从员工个体出发，找到问题根源，制订具体的改进计划。相比部门层面的数据分析，个人绩效分析的颗粒度更细，管理者需要面对更加复杂的变量和更大的数据量。

为了推动管理者掌握这一关键能力，李明组织了一场内部管理层绩效专项培训会，专门针对"如何分析员工个人绩效数据、如何进行有效的绩效面谈以及如何设计改进计划"进行了系统培训。培训内容如下。

1.看懂数据的深层含义

李明在培训会上强调，绩效数据不仅仅是每个月的完成率和排名数字，真正有价值的部分是数据背后隐藏的问题和改善的空间。在进行绩效面谈之前，管理者需要详细分析员工的个人绩效评价表，并重点关注未完成的指标。通过这些关键数据，管理者可以找到员工绩效差距的根源，并在面谈中与员工进行有针对性的探讨。

为了让管理者学会看懂数据和进行分析，李明详细讲解了如何解读员工个人绩效评价表，尤其强调要关注以下几个维度。

（1）已完成的指标。这些可以作为激励基础。

（2）未完成的指标。这是绩效差距的核心部分，需要进一步分析未完成的原因。

（3）趋势分析。比较不同时间段的绩效数据，观察员工的表现是否存在波动，例如近期突然下降或长时间未有改善。

未完成指标的数据尤为关键，它们通常反映了员工能力、态度或环境资源方面的问题，而这些问题正是面谈的重要讨论点。

2.分析绩效差距的三个主要方向

在培训中，李明为管理者提供了一个简单但有效的分析框架，帮助他们从三个主要方向入手，找到绩效差距的根源。

（1）认知与技能问题。员工是否具备完成工作所需的专业技能和知识？例如，是否缺乏对产品的深入了解，或者在执行任务时缺乏关键的技术能力。

（2）态度问题。员工对工作的态度如何？是否缺乏积极性、主动性或对目标的认同感？

（3）环境与资源问题。员工是否受到外部环境的限制，或者是否缺少完成工作所需的资源支持？例如，工作流程是否清晰，或者关键工具是否充足。

3.如何在绩效面谈中与员工就个人绩效问题进行深入讨论

人力资源部的调研显示，68%的中层管理者习惯性"敷衍"完成绩效评估和面谈过程，导致员工并未真正获得有效的反馈和帮助。李明向管理者传授了一套高效的绩效面谈方法，并提供了面谈准备清单，要求管理者在面谈前明确以下几个问题。

"过去一个季度中，哪项指标波动最值得关注？"

"你认为影响该指标的核心原因是什么？"

"员工在哪些方面需要支持或指导？"

这种提前准备的方式迫使管理者必须深入分析数据才能开展面谈，从而提高面谈的有效性。

李明还设计了绩效面谈的四个关键步骤。

（1）营造信任氛围。管理者需要用积极的态度开始谈话，例如通过肯定员工的努力来建立信任。李明建议管理者避免直接批评，而是用开放式问题引导员工说出自己的看法。

（2）不是讨论数据而是讨论数据背后的故事。在面谈中，管理者需要以客观的数据为基础，与员工一起分析未完成指标的原因。例如：

"我们注意到你的客户拜访数量比目标低了20%，你觉得主要是什么原因导致的？"

"在某些客户的满意度反馈中，有些提到了服务响应速度的问题，你怎么看？"

通过这样相对客观的讨论，员工不仅会感受到管理者的关注，也能更主动地参与到问题分析中。

（3）围绕三个维度探寻根源。管理者需要围绕技能、态度、资源三个方面，与员工一起讨论可能的原因。

如果是技能问题：是否需要更多的培训或实践机会？

如果是态度问题：员工是否对工作有明确的目标和动力？是否需要更多的激励？

如果是资源问题：是否存在流程或工具上的限制？

（4）与员工共同制订改进计划。在讨论原因后，管理者需要与员工一起制订清晰的改进计划，并确保员工对计划的内容和目标有认同感。李明强调，这些计划需要包括具体的改进目标、实施步骤和支持措施，同时设定阶段性检查点，以便跟踪进展。

通过这场专项培训，管理者逐步掌握了分析个人绩效数据的思路以及与员工高效沟通的方法。这不仅让绩效面谈变得更加有针对性，也为后续的绩效改进工作奠定了坚实的基础。

尽管专项培训取得了一定成效，管理者逐步掌握了分析个人绩效数据的思路以及与员工高效沟通的方法，但李明很快发现，在实际操作中，管理者在运用这些技巧时仍然存在不少"卡点"，导致绩效改进工作往往难以达到理想效果。

管理者实操中的"卡点"如下。

（1）忽视数据分析的深度。部分管理者在实际操作中还是习惯于表面化地看数据，尤其是只关注完成率或简单的排名数字，而没有深入未完成指标的细节中。例如，一些管理者在绩效面谈中仅谈论员工的销售额是否达标，却没有结合客户拜访量、产品演示次数等过程性指标来分析问题根源。这种"浅尝辄止"的分析方式，让面谈流于形式，无法为员工提供具体、有效的改进建议。

（2）管理者素质有限，分析能力不足，无法精准定位问题根源。在实际操作中，管理者往往面对大量数据，同时需要考虑多个变量的交互作用，这对他们的分析能力提出了很高的要求。然而，一些管理者的数据分析能力仍显不足，尤其是从数据中提取关键信息或者进行根源分析时显得力不从心。例如，某市场经理在分析一名员工的低绩效时，仅仅将原因归结为"态度问题"，却忽略了员工背后受到的资源限制和不熟悉新系统等"环境问题"，导致改进措施不具备针对性。

（3）缺乏数据与实际的联系能力。一些管理者虽然掌握了一定的数据分析技巧，但将数据与实际情况结合起来时仍然出现偏差。他们在面谈中机械地引用数据，却无法将数据与员工的日常工作表现关联起来，导致员工感受不到管理者的真正关注。这种脱离实际的分析方式，不仅让员工感到困惑，也让管理者错失了深入了解员工真实需求的机会。

（4）面谈技巧运用不熟练，导致沟通效果不佳。在绩效面谈中，管理者即便做好了数据分析，但由于缺乏沟通技巧，仍然容易陷入单向批评或空泛讨论的误区。一些管理者更倾向于直接指出员工的问题，而不是通过开放性问题引导员工主动探讨原因与改进措施。例如，一位销售主管在与业绩未达标的员工面谈时，只是反复强调"你需要努力达成目标"，却没有给出具体的指导建议，也没有与员工一起探讨可行的解决办法。这种沟通方式不仅削弱了面谈的效果，还可能进一步挫伤员工的积极性。

针对这些难点，依然可以借助DeepSeek来解决。

1. 准备AI训练资料

> **AI训练资料3.2.1**

销售部各员工绩效统计数据表

被评估者姓名：陈豪		职务：活动策划经理		评定时间：
核心指标（与公司战略相关）【60%】					

KPI	目标值	实际完成情况	达成率	备注
开展活动数量	4个/季度	7个/季度	175%	新增元宇宙主题展原创IP[①]活动
活动参与人数	10 000人	13 500人	135%	通过短视频裂变获客比例达到40%
活动ROI	160%	168%	105%	使供应链资源成本降低45%
活动现场满意度	85分	94分	111%	互动科技应用获行业媒体报道
战略价值	—	—	—	智能家居产品线曝光量提升200%

价值观指标【40%】				
评估维度	评估指标	上级评分（满分10分）	权重	备注
工作责任感	1.任务交付及时性与完成质量 2.履行岗位职责的主动性 3.日常工作纪律性（考勤/会议参与率）	9.5	25%	提前3天完成"618大促"策划方案

[①] IP：知识产权。

（续表）

工作负荷与效率平衡	1.月度有效工作时长是否合理（含加班） 2.任务规划合理性 3.是否有效率提升的举措	8.5	15%	周均加班时间≤3小时
工作效能	1.关键任务达成时效性（是否拖沓） 2.工作质量稳定性（是否认真工作） 3.流程优化参与度	7	25%	有一点拖沓
成长主动性	1.专业能力提升（培训/技能认证） 2.创新建议采纳数量 3.重大任务响应敏捷性	9.5	20%	主动寻求AI的帮助
跨部门协作能力	1.信息传递及时性与准确性 2.协作项目贡献度（其他部门评价） 3.资源支持的主动程度	9	15%	与技术部协商开发活动数据看板

2.输入RTRF提示词

AI训练资料3.2.2 提示词

角色：现在你是一名市场营销部负责人。

任务：围绕上传的员工绩效考核表和前面步骤中上传的公司背景附件进行销售部个人绩效分析。

要求：

1.要有绩效成果分析，指出此员工的优势和不足。

2.要有绩效改进的具体措施，绩效改进要符合SMART原则和责任矩阵。

3.按员工排序。

格式：

生成文本或表格。

避免代码和markdown格式。

3. 生成结果

> **AI生成结果3.2.1**

智能未来硬件有限公司市场营销部绩效分析及改进方案（最终版）

一、优秀员工：陈豪（活动策划经理）

绩效成果

- 优势：

○ 超额完成战略目标：元宇宙主题展直接拉动智能家居产品线曝光量增长200%（支撑公司完成市场份额目标）

○ 创新方法：短视频裂变获客占比40%（验证文档3中"多元化获客"战略可行性）

○ 降低供应链成本：整合3家核心供应商资源，活动成本降低45%

- 不足：

○ 流程效率低：2次方案因跨部门审批延迟超3天（影响活动上线时效）

○ 知识沉淀缺失：未形成标准化操作手册（违反文档3"经验复用"要求）

改进计划

1. 流程优化（SMART原则）目标：6月30日前将方案审批周期压缩至3个工作日以内

措施：与IT部合作开发电子审批流程（责任人：陈豪；监督人：流程专员）

2. 编写《短视频裂变操作指南》（8月31日前完成，需包含3个实战案例）

二、中等员工：林悦（品牌推广专员）

绩效成果

- 优势：

○ 执行可靠性：连续3个季度100%完成基础活动量

○ 流程规范性：用户满意度86分

- 不足：

○ 创新力薄弱：40%活动参考以前模式（导致新产品认知度提升不足）

○ 资源浪费：2次场地排期冲突造成2.3万元损耗

改进计划

1. 创新力提升（SMART原则）目标：第3季度新增2个跨界合作案例（如智能硬件+电竞）

措施：每月参加1次技术部产品研讨会（责任人：林悦；验收标准：提案采纳率≥50%）

2. 编写《活动资源冲突预警表》（6月1日起执行，超2小时未协调需报备）

三、待改进员工：周明（平面设计师）

绩效成果

- 优势：
  - 基础产出达标：第1季度完成15套设计方案
- 不足：
  - 技术协同缺陷：79%设计稿需技术部二次修正（导致生产部投诉率达到38%）
  - 成本失控：外包修改费用占比达32%（超支18%）

改进计划

1. 技术能力强化（SMART原则）目标：6月30日前通过智能硬件知识测试（≥80分）

措施：每周2次参加技术部培训（将考勤纳入绩效考核）

2. 流程合规：强制使用公司设计管理系统（5月1日起，未通过系统提交被视为无效产出）

四、责任矩阵

核心事项	执行层	监督层	支撑机制
电子审批流程开发	陈豪+IT部	市场总监	流程优化专项预算3万元
跨界合作方案落地	林悦+法务部	数据总监	开放KOL[①]资源池权限
设计系统使用率达标	周明+IT部	设计总监+HRBP	实时监控系统登录数据

3. 追加提示词

围绕上述绩效分析及改进措施，继续追加提示词，生成与员工面谈的流程与注意事项。

---

① KOL：关键意见领袖。

AI训练资料3.2.3 提示词

接下来,延续上方对话,帮助生成针对每个员工的绩效面谈计划。
要求:
1. 按员工进行排序。
2. 至少包括面谈注意事项、面谈流程、话术技巧等。

4.生成结果

AI生成结果3.2.2

智能未来硬件有限公司销售部门员工个人绩效面谈计划(简明版)

一、优秀员工:陈豪(活动策划经理)

1. 面谈准备

- 材料准备:

✓ 提前发给他上季度成功案例报告(重点标注"元宇宙展会"数据)
✓ 打印3次审批延迟的详细时间记录表
✓ 准备空白《经验分享计划表》

2. 面谈步骤

步骤	关键内容	示例对话
1.认可成绩	强调对公司战略的贡献	"你的展会策划让产品曝光量翻倍,这直接推动了公司市场目标的实现"
2.讨论瓶颈	聚焦流程效率问题	"审批延迟的3个案例中,你觉得哪个环节最需要改进?"
3.共创方案	引导自主提出解决方案	"如果由你牵头优化流程,需要哪些部门配合?"
4.明确支持	提供资源保障	"IT部会安排专人配合开发电子审批工具"

3. 沟通技巧

- 以提问代替指令:不说"你必须写手册",改问"你觉得哪些经验最值得写成指南?"

- 用数字说话：对比展示"审批耗时3天与行业平均耗时1.5天"

二、中等员工：林悦（品牌推广专员）

1. 面谈准备
- 材料准备：
  - ✓ 准备她负责的活动与竞品活动的对比图
  - ✓ 打印2次资源冲突导致的损失明细
  - ✓ 提供新开放的抖音达人资源名单

2. 面谈步骤

步骤	关键内容	示例对话
1.展现差距	用对比数据说明问题	"我们的转化率比行业标杆低8%，主要差在创新活动太少"
2.分析原因	区分能力与资源问题	"场地冲突是因为沟通不及时，还是工具不好用？"
3.给予工具	提供改进抓手	"这是新开通的达人资源库，你可以优先挑选3个S级达人合作"
4.鼓励试错	降低心理压力	"下季度对其中1次创新活动不考核转化率"

3. 沟通技巧
- 用钱量化问题：把"2.3万元损失"换算成"相当于浪费了50部智能音箱的利润"
- 选择题策略：不问"能不能改进"，改问"你想先尝试跨界合作还是主题创新？"

三、待改进员工：周明（平面设计师）

1. 面谈准备
- 材料准备：
  - ✓ 打印3份问题设计稿（用红笔圈出错误参数）
  - ✓ 准备技术部编写的《设计避坑指南》

2. 面谈步骤

步骤	关键内容	示例对话
1.摆事实	用具体错误案例说话	"这份设计稿的尺寸错误导致生产部多花了4800元"
2.讲后果	关联个人发展	"如果持续出错，可能会影响你参与重要项目的机会"

(续表)

步骤	关键内容	示例对话
3.给方法	提供明确改进路径	"每周二下午技术部王工可以一对一教你读图纸"
4.划底线	强调改进期限	"6月底前所有设计必须通过系统提交,否则视为无效"

3.沟通技巧
- 可视化提醒：在错误案例上贴便利贴，标注"损失金额+整改要求"
- 二选一法：不说"必须参加培训"，改问"你希望线上学还是跟王工现场学？"

三方都能看懂的执行要点
1. 管理层：重点看"改进期限"和"资源投入"（如IT部配合开发工具）
2. 员工：关注"示例对话"和"材料准备"，提前了解面谈方向
3. HR：监督"沟通技巧"使用情况，确保不出现威胁性语言

本节配套资料下载

第3节 从成功案例中总结经验，从失败案例中找关键节点——绩效复盘

李明在建设公司绩效管理体系的过程中发现，单纯依赖KPI的设定与考核并不足以保证业务目标的达成。市场营销中心的季度数据就为他敲响了警钟：尽管团队完成了季度销售额目标，但客户转化率和客户满意度却出现了明显下滑。这一现象暴露出的问题是，KPI的完成并不等于业务工作的健康运转。为了让绩效管理真正行之有效，李明意识到，必须推动复盘机制的落地。

1.为什么绩效KPI必须与复盘挂钩？

李明在与业务团队沟通时，反复强调了一个核心观点：KPI只是结果的体现，而复盘才是让结果可控的关键工具。他引用了市场营销中心的实际案例——第3季度的销售额超额完成了10%，但客户转化率却下降了15%，客户满意度评分也从上一季度的4.6分下降至4.2分。表面的成功掩盖了深层的问题，而这些问题如果得不到反思和解决，可能会严重影响下季度的业务表现。

2.为什么单凭KPI无法保障业务目标的达成？

李明总结了以下三个主要原因。

（1）KPI是一种静态的量化工具，不能动态反映问题根源。KPI的作用是衡量结果，而不是揭示过程。以客户转化率为例，数据下降的背后可能涉及销售培训不充分、产品定位偏差、客户需求未被及时响应等多层次因素。如果没有复盘环节，团队只能机械地接受数据结果，却无法找到改进方向。

（2）KPI容易导致短视行为和目标导向的偏差。市场营销中心在完成季度销售目标时，采取了高折扣的促销手段。这种策略虽然短期内提升了销售额，却降低了客户对品牌价值的认知，导致转化率和满意度的下降。复盘能够帮助团队回归业务本质，避免单纯为了完成数字指标而忽略长期价值的行为。

（3）KPI缺乏对风险的前置识别功能。复盘的意义不止于总结过去，更在于提前发现隐患。李明通过分析发现，客户满意度下降的主要原因是售后服务响应速度变慢，而这个问题源于服务团队的工单系统未能及时升级。如果没有复盘，这种隐患可能会在未来演变成客户流失的重大风险。因此，李明深刻认识到，复盘并非KPI的补充工具，而是绩效管理的核心组成部分。只有通过复盘，才能将KPI从静态的结果衡量工具转化为动态的业务改进引擎。

3.李明为什么一定要推动复盘的落地？

推动复盘机制的落地，对李明来说，不仅是一次管理手段的优化，更是一次组织能力的全面升级。复盘的价值不仅体现在数据分析层面，更体现在组织文化和业务思维的转变上。

（1）复盘是推动目标对齐的最佳工具。在市场营销中心的案例中，销售团队和售后团队对客户转化率下降的责任互相推诿：销售人员认为售后人员响应速度拖累了客户体验，而售后人员则认为销售人员前端给出的承诺过高导致客户期望失衡。这样的部门间分歧在很多组织中普遍存在，而复盘提供了一个对齐目标、统一认知的机会。通过复盘会，李明带领双方团队从数据出发，逐步拆解问题，最终明确了改进的方向：销售团队需要规范客户承诺的标准，售后团队则需要优化工单处理效率。

（2）复盘是形成闭环管理的必要环节。如果没有复盘，绩效管理将永远停留在"设定目标—考核结果"的单向流程中，缺乏闭环改进的能力。李明清楚，复盘不仅能帮助团队总结经验，还能将发现的问题转化为下一步的行动计划，从而推动组织在每一个周期中持续提升。

（3）复盘是提升组织学习能力的关键抓手。在快速变化的市场环境中，企业的竞争力不仅取决于现有资源，更取决于其学习和适应的速度。复盘为业务团队提供了一个系统化学习的框架。通过复盘，团队能够不断积累经验教训，避免重复犯错，逐步建立起组织的知识体系和改进机制。

（4）提出正确问题：复盘的关键步骤。尽管李明强调了复盘的价值，但他同时意识到，复盘的效果很大程度上取决于团队提出问题的能力。如果复盘只是简单地回顾过去的成绩和问题，而没有针对性地提出关键问题，复盘的意义将大打折扣。为此，李明引入了一套"复盘画布"的工具，通过结构化的问题引导，帮助团队找到正确的切入点。

复盘画布的设计以三个核心模块为基础：目标验证、过程复盘和行动计划。每个模块都设计了一系列引导性问题，团队需要围绕这些问题展开讨论，并在此基础上共同寻找答案。

1.目标验证：目标是否正确？

市场营销中心的案例中，第3季度的销售额目标虽然超额完成，但高折扣促销的策略却引发了客户满意度下降的问题。这说明，KPI目标的设定存在短视性，而非全局性。因此团队需要考虑以下问题。

（1）我们的目标是否符合业务的长期战略？
（2）目标的设定是否考虑了客户体验、品牌价值等非财务性因素？
（3）如果目标设定不合理，该如何调整？

这些问题能让团队逐渐意识到，目标不仅是一个数字，更需要与业务健康和可持续发展相匹配。

2.过程复盘：成功经验有哪些？问题出在哪些环节？

在复盘的过程中，业务团队往往更倾向于关注结果，而忽视了对过程的分析。李明通过复盘画布引导团队提出以下问题。

（1）在本季度的工作中，有哪些成功的经验值得复制？
（2）问题主要集中在哪些环节？具体表现是什么？
（3）数据的背后可能有哪些隐性问题？

例如，在第3季度的复盘中，团队发现，部分地区的销售转化率明显高于平均值。通过进一步分析，他们发现，这些地区的销售人员在与客户沟通中会主动提供行业解决方案，而不仅仅推销产品。这一发现促使团队将这种成功经验推广至全国范围。

3.行动计划：下一步的改进措施是什么？

复盘的最终目标是推动改进，而不是简单地归因。在李明的赋能下，业务团队在提出问题后，开始明确下一步的行动计划。身为HRD（人力资源总监），他配合业务团队提出有效的复盘问题。

（1）针对暴露的问题，我们有哪些具体的改进措施？

（2）改进措施需要哪些资源支持？是否可行？

（3）如何评估改进措施的效果？

通过这些问题，业务团队才能够在复盘过程中从问题总结转向问题解决，真正实现闭环管理。

尽管复盘画布提供了清晰的框架，但李明发现，提出正确的问题仍然是团队面临的最大挑战。这种困难主要源于以下三个原因。

（1）对业务逻辑的理解不够深入。很多团队成员习惯于执行任务，而不是思考背后的逻辑。例如，在客户满意度下降的问题上，部分团队成员只关注售后响应速度，而忽略了销售人员承诺过高这一根本原因。

（2）缺乏数据分析能力。要想提出关键问题，需要对数据有深入的洞察，而这恰恰是很多团队的短板。李明为此专门组织了数据分析培训，帮助团队掌握基本的关联分析和趋势分析方法。

（3）团队氛围不够开放。复盘是一个开放的讨论过程，但如果团队氛围不够包容，就会导致问题被掩盖。李明通过鼓励团队成员坦诚表达意见，并引入匿名反馈机制，逐步建立起开放的讨论文化。

在复盘工作中，李明通过DeepSeek完成复盘提问的设计。具体步骤如下。

1.准备绩效考核表及前述已经训练完毕的绩效分析结果

参考AI训练资料3.1.2和3.2.1与生成结果3.2.1。

2.输入RTRF结构提示词

> **AI训练资料3.3.1　提示词**

接下来，继续延续绩效数据分析的对话及结果，生成2025年第3季度绩效复盘时要用的模拟问题。

要求：

1. 基于复盘画布的框架，每个项目下有子项目的需要分开，每个子项目至少包括3～4个问题。
2. 如果缺少相关数据，可进行标注。
3. 模拟提问的问题需要更客观、更能体现人性，不能针对人，要考虑到人的情绪。
4. 要直接给出提问的话术库，不需要给结构。

格式：

1. 以文档格式输出。
2. 要用业务人员和管理层都看得懂的语言，不能用过于专业的语言和代码语言。

注：如果没有延续前面的对话，可以重新投喂相关资料再追加提示词。

3.AI生成结果

> **AI生成结果3.3.1**

2025年第3季度绩效复盘的模拟提问话术

一、目标是否切合实际

1. "过去8个季度客户留存率波动都在2.3%以内，这次设定5%的增长目标，是否有新的市场变化依据？"
2. "新客户增长目标比过去平均增速高了近一倍，是否需要补充行业增长加速的调研报告？"
3. "技术部反馈现有设备产能已达上限，要想将生产目标提升20%，是否需要调整设备更新计划？"

（待补充：市场部行业趋势报告、设备采购进度表）

二、资源使用是否合理

1. "今年培训费用达到预算的68%，但关键岗位技能达标率反而下降，是否需要重新评估培训内容？"

2. "陈豪团队资源集中使用效果很好，这种模式能复制给其他三个大区吗？需要哪些支持？"

3. "客服热线接听率下降15%，但智能客服预算增加了30%，这个调整依据是什么？"

（待补充：各区域资源使用记录、智能客服评估报告）

三、达标数据真实性核查

1. "客户满意度调查显示42%的用户没回复，是否需要重新进行电话回访？"

2. "产品发货速度达标，但退换货率上升了8%，这两组数据是否存在关联？"

3. "线上活动参与量超额完成，但实际下单转化率反而下降，哪个环节出了问题？"

（待补充：退换货原因分类表、活动转化漏斗数据）

四、未达标原因排查

1. "晚交付的订单中有41%产生退单，是否需要优先解决物流环节的延误问题？"

2. "智能客服解决率为82%，但人工咨询量没减少，是否需要重新定义哪些问题适合机器处理？"

3. "市场费用增加了25%，但新客增长未达标，需要优化投放渠道还是转化页面？"

五、流程机制改进

1. "三个部门需要签字的流程平均需要3天，哪些环节可以简化审批又不影响风险控制？"

2. "财务部自动对账节省了89%时间，这套系统能推广到采购和库存管理工作中吗？"

3. "各部门数据报表格式不统一，是否需要制定标准模板？"

六、风险预防措施

1. "库存预警经常延迟3天，是否需要把供应商的实时库存数据接入系统？"

2. "上次系统故障恢复用了8小时，应急预案是否需要增加演练次数？"

3. "客户投诉量增加但应急预案还是去年版本，是否需要更新处理流程？"

七、经验传承优化

1. "陈豪团队的成功经验文件点击量每月减少60%，是否需要改成短视频，从而更方便学习？"

2. "财务部的流程文档使用率很高，他们的经验能用在其他部门的知识管理上吗？"

3. "爆款产品依赖特殊资源支持，能否总结出可复用的最低资源配置方案？"

人性化设计要点

1. 用对比代替指责:"A部门做法效果很好,B部门是否需要类似支持?"
2. 数据引路:所有问题都带具体数据(如"增加30%预算""下降8%")
3. 留有余地:多用"是否需要""能否""哪些环节"等开放性提问
4. 解决方案暗示:每个问题都隐含改进方向(如"接入系统""增加演练")

待补充材料清单

- 市场趋势分析报告(市场部)
- 设备负荷测试数据(生产部)
- 智能客服问题分类表(客服中心)
- 各区域资源使用日志(运营部)

本节配套资料下载

业务团队在获得了提问话术后,经过几轮实践,复盘画布逐渐成为市场营销中心的重要工具。团队不仅能够提出关键问题,还能围绕这些问题制订切实可行的改进计划。在第4季度的复盘中,团队成功解决了售后响应速度慢的问题,同时规范了销售承诺的标准,客户满意度回升至4.5分。

更重要的是,复盘的推行带来了组织思维方式的转变。团队开始从"完成任务"向"解决问题"转变,绩效管理也从单纯的考核工具升级为业务改进的核心引擎。通过复盘,李明不仅推动了市场营销中心的持续改进,还为整个组织的绩效管理提供了一套可复制的经验。

第4节 快速反应的绩效KPI调优机制让复盘更有意义

在李明的推动下,公司所有管理者都已经逐步习惯经营复盘会。某个季度的经营复盘会进行到下午四点，会议室里的气氛突然变得微妙。市场营销总监陈岩指着投影上的数据皱起眉头："这个季度我们明明超额完成了客户开发指标，为什么利润反而下滑了？"这个问题像一块石头投入平静的湖面，激起层层涟漪。HRD李明知道，这正是引导团队复盘及深入反思的最佳时机。

"让我们换个角度思考，"李明走到白板前，"如果现在重新设定这些指标，各位会做哪些改变？"他刻意避开直接指出问题，而是用提问的方式激发团队的自主思考。销售主管王磊第一个回应："我们应该更关注客户质量而不仅是数量。"品牌经理林悦补充："活动效果评估不能只看表面数据。"这些发自业务团队的反思，比任何HR的指令都更有力量。

李明采用"三步引导法"帮助团队梳理问题。

1.回顾初心

"还记得年初设定这些指标时，我们最希望达成什么？"

"现在业务环境发生了哪些重要变化？"

2.直面现实

"哪些指标的执行结果最出乎意料？"

"如果继续保持现有考核方式，可能会带来什么风险？"

3.展望未来

"理想的绩效指标应该具备哪些特征？"

"我们需要保留什么？改变什么？"

通过这种循序渐进的引导，团队自己得出了关键结论：现有的客户开发指标过分强调数量，导致团队为达标而降低质量要求；活动评估标准过于单一，无法反映真实效果；跨部门协作缺乏有效激励。这些发现与后续形成的《绩效指标改进报告》核心内容高度吻合，但最重要的是，它们来自业务团队自己的认知转变。

随着复盘技术越来越熟练，每个月、每个季度进行绩效复盘已经成为所有团队必须做的事情。然而在第3季度复盘会后，市场部陈×提出一个问题："我们三个月前进行复盘时就发现客户质量指标有问题，可这个季度考核标准还是老一套，这让我们工作怎么做？"

这种"诊断与治疗"脱节的情况在成长型企业中尤为常见。销售团队在复盘时已经意识到需要平衡数量与质量，但考核指标未调整，依然单纯强调新客户开发数量；市场部发现活动创新不足，可ROI计算方式还是沿用旧模式。HRD李明逐渐意识到：当中小型企业处于快速成长期，年度周期的绩效考核KPI就像用旧地图导航新路线，必然导致方向偏差。

这种调整滞后带来的危害远比表面看起来严重，会导致以下问题。

1. 员工信任危机

"每次复盘时都说要重视客户质量，可月底考核时还是看签约数量。"一位资深销售员的抱怨道出了团队的困惑。这种言行不一的管理方式，逐渐消磨着员工对绩效体系的信任。

2. 战略传导失效

当公司战略已转向利润导向，但一线考核仍以规模增长为主，导致资源配置出现系统性偏差。财务数据显示，这种脱节曾导致公司三个季度损失近千万元的潜在利润。

3. 管理成本沉没

每次复盘会议都会占用大量时间，因为缺乏后续行动而变成"昂贵的茶话会"。一位主管算过账："我们每个月在复盘上耗费50多个小时，最后啥也没动，还是这个指标、这套流程，复盘有什么意义？"

为解决这个问题，李明带领HR团队深入学习研讨了半个月，建立了"三速齿轮"调频机制。

第一速：季度微调齿轮

（1）对市场响应类指标（如客户分级标准、活动评估方式）建立快速调整通道。

（2）采用"72小时决策"机制，从发现问题到做出调整不超过3个工作日。

（3）销售团队的新客户质量指标就是这样在季度中完成调整的。

第二速：半年度重构齿轮

（1）对战略支撑类指标（如利润贡献结构、核心客户占比）进行系统性检视。

（2）采用"战略校准工作坊"形式，业务人员与HR共同设计指标。

（3）市场部的活动评估体系就是在这样的工作坊中完成重构。

第三速：年度基石齿轮

（1）保持年度核心目标（如营收增长率、利润率）的稳定性。

（2）通过"目标翻译"机制，将年度目标转化为可动态调整的战术指标。

（3）既保持战略定力，又赋予战术灵活性。

在接下来的复盘中，HR会逐步变成复盘教练，引导团队将反思转化为具体行动。

例如，某次复盘会后，销售团队建议将"客户满意度"和"重复采购率"纳入考核，市场部提出要增加"活动创新度"评估，技术部门希望明确"需求响应时效"要求。HR就将这些建议分类整理，形成初步改进框架，并通过教练提问技术，进行可行性测试提问：

"你们这个新指标在实施中可能会遇到什么困难？"

"需要哪些支持条件才能确保落地？"

通过这种务实讨论，团队不仅提出了改进方向，还自发形成了配套措施，如销售与技术部门的定期沟通机制、活动方案的创新评审流程等。这些内容后来都成为《绩效指标改进报告》的重要组成部分。

有了三速齿轮机制和复盘会中的引导修改，每次复盘会后一周内HR部门都会将《绩效KPI优化报告》通过邮件发送给每位业务负责人，让他们对涉及本部门的改进内容进行确认。"这是你们自己提出的方案，"他强调说，"我们需要确保它能真正解决业务中的痛点。"这种尊重和信任，让业务团队对方案的实施充满信心。为确保改进方案真正落地，HRD李明还特地建立了三重保障。

（1）沟通宣讲。组织多场说明会，确保每个相关员工理解调整意义。

（2）过渡安排。设置合理的适应期，新旧指标平稳衔接。

（3）跟踪反馈。定期收集实施情况，及时解决出现的问题。

这次成功实践帮助企业建立了一个绩效KPI的良性循环：

反思发现问题 → 共同制定方案 → 有效执行改进 → 取得更好结果 → 激发新的反思

在这个循环中，HR不再是考核者，而是赋能者；业务团队不再被动接受指标，而是主动参与设计。正如CEO（总经理）在年度总结会上所说："我们现在有了一个会自我完善的绩效管理体系，这是比任何短期业绩都更宝贵的组织能力。"

如何借助DeepSeek的力量辅助完成绩效KPI优化报告？具体实操步骤如下。

1.将绩效复盘后得到的画布投喂给AI进行训练

▶ **AI训练资料3.4.1**

2025年第3季度绩效复盘的模拟提问话术

与AI生成结果3.3.1相同，此处略。

2.输入RTRF提示词

AI训练资料3.4.2　提示词

角色：你是一名绩效专家

任务：现在延续前面的训练，生成未来绩效指标优化报告。

要求：

我会上传一份绩效复盘画布。围绕这份绩效复盘画布，请你提出未来绩效指标优化的方向。

格式：

1. 文档格式或表格格式，不要用技术代码或markdown格式。
2. 要用业务员和HR听得懂的语言。
3. 不要用技术型调整方案（例如：编制某个APP或小程序）。

3.AI生成结果

AI生成结果3.4.1

智能未来硬件有限公司市场营销中心下半年绩效指标优化方案

一、部门级KPI优化方向

1. 客户开发指标优化

原指标	优化后指标	调整理由
A类客户转化率35%	A类客户转化率32%+技术匹配度达标率80%	复盘显示技术参数确认延迟是主因，需增加技术适配性考核
新增A类客户数量	高价值客户留存率≥90%	当前过度关注新客数量，但老客户复购贡献更大

2. 活动管理指标升级

原指标	优化后指标	调整理由
活动ROI：140%~160%	创新活动占比≥50%+ROI≥150%	复盘发现旧方案复用率过高，需强制创新
活动覆盖人数	目标人群精准触达率≥85%	当前覆盖人数虚高但转化率低，需强化人群匹配

3. 新增协同指标

新增指标	考核标准	设立原因
技术响应时效	48小时内响应技术需求	解决跨部门协作延迟问题（参考复盘中的3天延迟痛点）
供应链备货达标率	对于关键物料提前30天备货	第1季度因供应链问题导致3场活动受影响

二、员工级KPI调整方案

1. 销售岗位优化

岗位	原KPI痛点	优化措施
高级销售专家	仅考核新客数量	增加"老客户需求挖掘数量"指标
初级销售员	新客户开发质量差	新增"潜在A类客户信息完整度"考核

2. 策划岗位改进

岗位	问题表现	调整方案
活动策划主管	方案复用率40%	强制要求每季度开发2个跨界合作案例（如电竞+智能家居）
品牌分析专员	分析报告落地效果差	增加"分析建议采纳率"指标

3. 支持岗位强化

岗位	薄弱环节	新增要求
平面设计师	79%设计稿需修改	增加"技术规范考试≥80分"准入条件
客服专员	投诉分级处理延迟	新增"紧急投诉2小时内响应"硬指标

三、配套保障措施

1. 系统工具升级

a. 8月上线CRM①技术参数库（预算12万元）

b. 9月部署投诉智能分级系统

2. 流程机制优化

a. 销售员与技术员每日晨会（7月试行）

b. 如果旧方案复用率超过25%，冻结审批权限

3. 能力建设

a. 初级销售员每月参加4次技术培训

b. 设计师每周参加2课时硬件知识学习（解决设计返工率高的问题）

数据依据：全部调整基于半年度复盘中的A类转化率下滑14.3%、活动ROI波动、客户投诉延迟等实质性业务痛点，以及个人绩效报告中陈豪等标杆员工的实践经验。

本节配套资料下载

第5节 从直觉定薪到科学定薪——岗位价值评估实操

智能未来硬件有限公司的快速成长带来了组织规模的急剧扩大，但随之而来的问题也逐渐显现。公司内部的岗位认知体系在高速发展的业务环境中显得捉襟见肘，原本依赖于直觉和经验的岗位判断方法已难以满足复杂业务的需求。部门对岗位重要性的理解开始出现分歧，资源分配也随之失去科学依据：市场部认为自己是公司营收的核心，因此应该获得更多预算支持；技术部门则认为自己处于业务的核心驱动位置，要求薪酬水平与市场稀缺性相匹配。

HRD李明在经营例会上指出，问题的根源不在于部门利益冲突，而在于公司缺乏一个全面、科学的岗位职级管理体系。岗位职级管理体系是优化薪酬体系、进行人才梯队建

---

① CRM：客户关系管理。

设、设计任职资格标准体系的必备前置工作。而要建立岗位职级管理体系就一定要先做岗位价值评估。管理层对岗位的认知仍然停留在直觉层面，缺乏系统化的衡量标准。这种认知断层不仅导致资源分配的不公平，还让员工的工作积极性和归属感受到冲击。正如市场总监陈岩所抱怨的那样："我们总是被说预算超支，但没人真正理解我们在推动业务增长中的价值。"

于是，李明决定开始推动岗位价值评估工作，将模糊认知转化为清晰的管理实践，为公司搭建一个科学、透明的价值衡量体系。

岗位价值评估的核心在于通过系统化的分析明确每个岗位对组织目标的贡献和重要性。在深入研究岗位价值评估的理论与实践后，HRD李明决定将海氏价值评估法（Hay job evaluation method）作为智能未来硬件有限公司的核心评估工具。这一方法在全球范围内被广泛应用，尤其在快速成长型企业中具有重要价值。海氏价值评估法通过标准化的评价体系，从多个维度对岗位价值进行科学分析，能够很好地帮助企业建立一致性和公平性的衡量机制。

海氏价值评估法围绕以下三个主要维度对岗位进行价值评估。

1. 技术技能（know-how）

衡量岗位的知识要求、技能水平、经验积累以及问题解决能力。技术技能越高，岗位的价值分数越高。例如，负责AI算法设计的技术岗位需要深厚的专业知识和丰富的实践经验，因此技术技能维度得分较高。

2. 问题解决能力（problem solving）

评估岗位员工在工作中解决问题的复杂性和创新性。那些需要高度分析能力和复杂决策的岗位通常在这一维度上得分较高，比如技术研发或战略规划岗位。

3. 责任（accountability）

衡量岗位在组织目标中的责任权重，包括岗位对公司财务结果、资源管理和战略决策的直接影响。销售团队的客户开发岗位因直接影响公司营收，在这一维度表现突出。

李明选择海氏价值评估法的原因在于其标准化和可操作性。这一方法不仅能够帮助公司从多个维度系统化评估岗位价值，还能够通过评分模型将岗位价值量化，为薪酬体系和资源分配提供数据支持。

尽管海氏价值评估法是一个成熟的工具，但资深HRD李明深知任何评估体系都不是完美的。在推动这一方法的过程中，他既看到了它的优势，也意识到其潜在的局限性。

海氏价值评估法的主要优势包括以下几个。

（1）科学性与系统性。海氏方法的评价维度清晰明确，能够从技术技能、问题解决能力和责任三个方面全面分析岗位价值，避免了传统评估中依赖主观判断的弊端。

（2）公平性与透明性。通过标准化的评分机制，海氏方法能够确保岗位价值评估结果的公平性和透明性。这有助于减少部门之间的资源争议，增强员工对薪酬体系的认同感。

（3）适配性与延展性。海氏方法能够根据企业的战略目标和业务特点调整评估权重，使其适用于不同规模和发展阶段的组织。这种灵活性特别适合智能未来硬件有限公司这种处于快速成长阶段的企业。

然而，海氏价值评估法也存在一定的局限性。

（1）实施复杂。海氏方法需要大量的数据收集、岗位分析以及权重设定，这对组织的管理能力和执行力提出了较高要求。对于管理者素质参差不齐的公司来说，这可能成为推进工作的阻力。

（2）过度量化的风险。虽然海氏方法能够量化岗位价值，但过度依赖评分可能会忽略岗位的行业特性和实际贡献。例如，行政支持岗位虽然得分较低，但其对组织运行的支持作用却难以完全体现。

（3）管理者认知差异。部分管理者可能会对海氏方法的评分结果提出质疑，认为其无法真实反映岗位的重要性。这种认知差异可能会影响评估结果的接受度，甚至削弱评估工作的推进效果。

李明在内部沟通中坦诚地指出："任何工具都有局限性，关键在于我们如何用好它，如何结合公司的实际情况进行调整和优化。海氏方法不是终点，而是帮助我们更加科学管理的一条路径。"

尽管理论模型清晰明确，但李明在实际推进岗位价值评估工作时，还是遭遇了来自管理者和员工的多方面阻力。这些阻力并非偶然，而是成长型企业在转型过程中必然会面对的管理卡点。

首先，管理者的认知局限成为推进工作的主要障碍。一些管理者对海氏方法的科学性持怀疑态度，认为评分结果无法完全反映岗位的真实价值。"我们的岗位贡献难道还需要用分数来衡量吗？"市场总监陈岩的质疑代表了部分管理者对量化工具的抵触心理。

其次，资源分配的敏感性进一步加剧了阻力。岗位价值评估的结果直接影响薪酬调整和预算分配，这让一些部门感到不安。"如果评估结果显示我们岗位价值不高，会不会影响我们的资源投入？"技术部门主管张伟的担忧正是这种敏感性的体现。

面对这些卡点，也为了验证海氏价值评估法的科学性，HRD李明计划借助DeepSeek

的力量，先让DeepSeek生成更科学的价值评估分，再进行讨论就会顺畅很多。具体实操步骤如下。

1.准备投喂资料，让DeepSeek生成岗位价值评分表

▶ **AI训练资料3.5.1**

市场营销中心岗位说明书（节选）

岗位名称	任职基本要求	关键责任	专业知识及技能	专业输出/解决公司什么问题
品牌与市场策划经理	1.本科及以上学历，市场营销相关专业 2.5年以上智能硬件行业品牌管理经验 3.熟悉智能家居技术（如Zigbee协议）	1.每季度策划5～6场品牌活动（覆盖8000～12 000人） 2.确保活动ROI维持在140%～160% 3.从产品设计部获取新品核心卖点 4.组织市场部、研发部需求对齐会议（≥3次/新品）	1.产品营销策略制定 2.跨部门资源协调能力 3.智能家居行业趋势分析	解决"品牌影响力不足"问题 提升智能家居产品市场认知度
商务BD专员[①]	1.3年以上渠道拓展经验 2.熟悉供应链金融及合同法 3.具备百万级合同谈判能力 4.了解芯片/传感器采购流程	1.每季度开发3～5家优质合作伙伴 2.主导关键部件（传感器/芯片）供应商谈判 3.通过资源置换降低活动成本20%～30% 4.监控采购成本节约达标率	1.商务合作模式创新 2.成本收益分析能力 3.供应商评估与管理	优化"供应链管理混乱"问题 建立稳定异业合作生态

---

① 商务BD专员：商务拓展专员。

(续表)

岗位名称	任职基本要求	关键责任	专业知识及技能	专业输出/解决公司什么问题
品牌分析主管	1.统计学/市场营销专业背景 2.熟练使用SPSS/Python 3.2年以上竞品分析经验 4.熟悉CRM数据治理	1.每季度产出3~4份市场分析报告（误差≤5%） 2.48小时内完成投诉数据建模 3.建立客服工单-产品改进闭环流程 4.确保目标人群匹配度≥80%	1.数据清洗与建模 2.消费者行为分析 3.客户反馈数据治理	解决"客户需求多样化"导致的产品定位偏差问题
高级销售经理	1.8年B2C[①]销售管理经验 2.智能家居行业头部企业背景 3.CRM系统专家 4.熟悉A类客户标准（年采购额≥50万元或复购率≥80%）	1.带领团队达成950万~1050万元月销售额 2.每周输出团队达标率预警报告 3.维持A类客户转化率32%~35% 4.管理22人销售团队	1.销售团队教练技术 2.大客户关系管理 3.销售漏斗优化	直接应对"行业竞争激烈"挑战，保障核心营收目标达成

技术研发中心岗位说明书（节选）

岗位名称	任职基本要求	关键责任	专业知识及技能	专业输出/解决公司什么问题
硬件研发总监	1.硕士及以上学历，电子工程相关专业 2.8年以上智能硬件研发经验 3.主导过3款以上量产产品	1.制定年度硬件技术路线图 2.确保研发项目按时交付（延期率≤10%） 3.管理30人研发团队	1.嵌入式系统架构设计 2.硬件成本控制 3.供应链技术对接	解决"技术更新速度快"带来的产品迭代压力

① B2C：企业对消费者。

（续表）

岗位名称	任职基本要求	关键责任	专业知识及技能	专业输出/解决公司什么问题
传感器开发工程师	1.本科及以上学历，电子/自动化相关专业 2.3年以上传感器开发经验 3.熟悉I2C/SPI通信协议	1.每季度完成2~3种传感器原型开发 2.确保测试良率≥95% 3.支持生产部解决技术异常	1.传感器信号处理算法 2.环境适应性测试 3.失效模式分析	优化"关键部件（传感器）采购依赖"问题
嵌入式软件工程师	1.本科及以上学历，计算机/电子工程专业 2.精通C/C++语言 3.有RTOS[①]开发经验	1.完成核心模块代码开发（千行代码缺陷率≤0.5%） 2.确保OTA[②]升级成功率≥99% 3.支持售后技术问题排查	1.低功耗优化技术 2.无线通信协议栈开发 3.崩溃日志分析	提升产品软件稳定性（降低15%售后故障率）

生产管理中心岗位说明书（节选）

岗位名称	任职基本要求	关键责任	专业知识及技能	专业输出/解决公司什么问题
生产总监	1.本科及以上学历，工业工程/机械相关专业 2.10年以上电子制造管理经验 3.精益六西格玛黑带认证	1.达成月度产能15万台 2.将直通率从85%提升至92% 3.管理200人生产团队 4.年度生产成本降低8%	1.产能规划与优化 2.精益生产实施 3.自动化改造评估	实现"优化生产效率，降低成本"战略目标

---

① RTOS：实时操作系统。
② OTA：空中下载技术。

（续表）

岗位名称	任职基本要求	关键责任	专业知识及技能	专业输出/解决公司什么问题
PE[①]	1.本科及以上学历，机械/电子工程专业 2.5年以上PE相关经验 3.熟悉SMT[②]	1.新产品导入周期≤15天 2.工艺改善提案≥12项/年 3.生产异常关闭率≥95%	1.工艺流程设计 2.夹具/治具开发 3.工时测定与优化	解决"定制化生产难度高"导致的工艺适配问题
QC[③]主管	1.大专及以上学历，质量工程相关专业 2.5年以上电子厂QE[④]经验 3.精通IPC-A-610标准	1.月度客诉率≤3% 2.来料检验漏检率≤1% 3.重大质量事故24小时解决	1.质量数据分析 2.8D报告编写 3.供应商质量审核	达成"提高产品质量，减少售后故障率"目标

2.输入专业提示词

> **AI训练资料3.5.2 提示词**

角色：薪酬绩效专家

任务：使用海氏（Hay Group）点因素法对公司的全部岗位进行价值评估，生成所有岗位价值评估后的结果

要求：

一、维度和子维度要求

1.知识技能：衡量完成职位工作所需的专业知识、管理能力和人际技能。

（1）技术知识：专业领域的深度与广度（如财务、工程、法律等）。

（2）管理范围：管理团队规模、预算或项目复杂度。

（3）人际关系技巧：沟通、协调、谈判等能力（如高级管理职位需战略影响

---

① PE：产品工程师。
② SMT：表面组装技术。
③ QC：质量控制。
④ QE：品质工程师。

力，基层职位需执行沟通力）。

2.解决问题：评估职位在工作中面临的问题难度及解决方式。

（1）环境：问题是否在明确框架内解决（如重复性任务），或需突破现有流程（如创新型岗位）。

（2）挑战：问题的复杂性、不确定性及创新性要求（如研发岗位需突破性思维，行政岗位需流程化处理）。

3.责任：衡量职位对组织的影响程度及承担的风险。

（1）行动自由度：决策的自主性（如CEO有高度自主权，普通员工需遵循指令）。

（2）影响性质：直接影响业务结果（如销售人员）或间接支持（如HR）。

（3）沟通重要性：跨部门协作、客户对接或内部管理的关键程度。

二、根据这个公司的行业和实际情况设计每个维度和子维度的权重

三、其他计算方式参照海氏评估法评分方式

四、所有岗位名称及要素均要对照上传的资料表格，不要虚拟数据

格式：

用表格形式呈现，不要用markdown和代码

注：如果DeepSeek不是满血版，或没有设置最高生成字数，可能导致生成的内容是"节选"版，可根据实际情况追加提示词。同时，DeepSeek若没有生成表格形式，亦可再次要求它生成表格。

3.生成结果

AI生成结果3.5.1

岗位价值评分表

岗位名称	知识技能	解决问题	责任	总分
硬件研发总监	38	28	29	95
生产总监	36	26	30	92
高级销售经理	36	27	30	93
品牌与市场策划经理	35	27	29	91

（续表）

岗位名称	知识技能	解决问题	责任	总分
采购经理	35	27	28	90
财务经理	34	25	28	87
商务BD专员	33	26	27	86
嵌入式软件工程师	34	26	24	84
HR经理	33	24	27	84
供应商质量工程师（SQE）	33	24	26	83
品牌分析主管	32	25	26	83
PE	33	24	25	82
数据分析专员	32	25	24	81
传感器开发工程师	32	25	22	79
物流主管	31	23	25	79
QC主管	31	22	26	79
结构设计工程师	31	24	23	78
测试验证工程师	30	23	21	74
PCB[①]设计工程师	29	22	20	71
设备科长	30	21	24	75
生产车间主任	28	20	25	73
SMT操作工	22	18	20	60
组装操作工	21	17	19	57
测试操作工	22	17	19	58
计划专员	30	22	24	76
客服部经理	29	22	27	78
售后技术主管	30	23	25	78
IT运维工程师	31	23	24	78

① PCB：印刷电路板。

（续表）

岗位名称	知识技能	解决问题	责任	总分
活动策划运营主管	30	23	25	78
培训专员	27	21	23	71
成本会计	28	21	23	72
出纳	23	18	20	61
招聘专员	27	20	23	70
行政主管	28	21	24	73
销售运营助理	28	21	23	72
客服专员	24	19	22	65
售后技术工程师	26	20	22	68

评分说明：

1. 管理层岗位（如总监/经理）：因管理规模（如生产总监管理200人团队）、决策自由度（如采购经理主导供应商谈判）和营收责任（如高级销售经理负责千万元级销售目标），在责任维度得分较高。

2. 技术岗位（如硬件研发/嵌入式）：因专业深度（主导核心模块开发）和创新要求（传感器开发需解决环境适应性），在知识技能和解决问题维度优势明显。

3. 操作类岗位（如SMT/测试工）：标准化作业特性导致解决问题维度评分较低（平均17~18分），知识技能以基础操作为主（20分左右）。

4. 准备投喂资料，让DeepSeek生成完整的定级表

▶ **AI训练资料3.5.3**

公司背景资料

本资料与AI训练资料3.1.1相同，此处略。

5.追加提示词

> **AI训练资料3.5.4 提示词**

角色：薪酬绩效专家

任务：围绕岗位价值评估后的结果和上传的公司背景资料，生成最合适我公司现状的岗位等级

要求：

1. 岗位等级数量匹配公司规模与管理需求
2. 要注明确定分数方法以及适用原因
3. 我公司现阶段为快速发展阶段，期待更多创新和突破
4. 所有岗位名称要对照前述上传的资料表格和生成的结果，不要虚拟数据

格式：

用表格形式呈现，不要用markdown和代码

6.生成结果

> **AI生成结果3.5.2**

定岗定级表

岗位等级	分数区间	典型岗位举例	等级特征描述
G1	95～90	高级销售经理、硬件研发总监、生产总监	战略决策层，负责千万元级业务目标或50人以上团队管理，需突破性创新
G2	89～85	品牌与市场策划经理、财务经理	核心管理层，主导跨部门重大项目，承担年度KPI
G3	84～80	嵌入式软件工程师、HR经理、品牌分析主管	专业骨干层，需独立完成复杂技术/管理任务（如核心模块开发）
G4	79～75	供应商质量工程师、PE、物流主管	业务执行层，主导专项工作（如供应商审核、工艺改善）
G5	74～65	测试验证工程师、计划专员、数据分析专员	支持协同层，需专业能力支持主要业务（如数据分析、生产排程）
G6	64以下	SMT操作工、客服专员、组装操作工	基础操作层，标准化作业岗位（如设备操作、基础客服）

> 划分方法说明：
> 1. 分位数法选择依据：通过将评估分数按35%分位值（74分）、65%分位值（84分）等关键节点划分，既保持制造业必要的层级区分度，又为技术、销售序列设置快速晋升通道。
> 2. 创新激励设计：G1~G3设置宽带薪酬，允许技术专家在不晋升管理岗的情况下获取更高待遇（如传感器开发工程师G4可突破至G3薪酬）。
> 3. 战略适配性：将直接影响"提高产品质量""优化供应链"战略目标的SQE[①]、PE设为G4，高于常规职能部门同分岗位（如行政主管G5）。

HRD李明深深知道，DeepSeek的结果不能直接运用，任何企业的岗位价值评估都需要考虑实际岗位的工作情况，例如同样是高级销售经理，即使有岗位说明书中的职责，但在企业中实际工作极有可能会有特殊情况，因此在进行定岗定级的讨论时，一定要让所有变革小组成员参加，进行充分、科学并围绕公司实际情况的沟通。在进行专项讨论时，DeepSeek的结果是参考依据及讨论的基础。这可节省管理者多次打分过程。经过多次专项讨论后，形成最终版本定岗定级表，如表3-1所示。

表3-1 定岗定级表

岗位等级	职位层级	分数区间	管理岗位序列	营销岗位序列	技术研发岗位序列	职能序列	生产序列	服务序列
G1	战略决策层	92~95	硬件研发总监 生产总监 财务副总					
G2	核心管理层	85~91		高级销售经理 品牌与市场策划经理		财务经理	采购经理	

[①] SQE：供应商质量工程师。

（续表）

岗位等级	职位层级	分数区间	管理岗位序列	营销岗位序列	技术研发岗位序列	职能序列	生产序列	服务序列
G3	专业骨干层	84~80		品牌分析主管	嵌入式软件工程师 PE PCB设计工程师	行政人事经理	供应商质量工程师(SQE)	
G4	业务执行层	79~75		活动策划运营主管	传感器开发工程师 结构设计工程师 测试验证工程师 售后技术主管 IT运维工程师		生产车间主任 计划专员 设备科长 测试验证工程师	客服部经理
G5	支持协同层	74~65		数据分析专员 商务BD专员 销售运营助理		行政主管 成本会计 培训专员 招聘专员	物流主管 QC主管	客服专员
G6	基础操作层	64以下				出纳	SMT操作工 测试操作工 组装操作工	

本节配套资料下载

第6节 薪酬优化的破局之路

李明在这家智能硬件公司担任HRD已经三个月了。这家年营收5亿元的企业正处于快速扩张期，员工规模从两年前的200人激增到现在的500人。作为空降高管，他刚来时就被CEO委以重任："先把绩效体系理顺，对于薪酬我们慢慢来。"三个月来，他确实把绩效管理梳理得有模有样，但每次看到薪酬报表上那些明显不合理的数字，心里总不是滋味。

夜深人静时，李明对着电脑屏幕上的薪酬数据发呆。这家公司的薪酬问题就像一团乱麻，研发部门的技术骨干薪资低于市场水平，销售团队的固定与浮动工资比例严重失衡，中基层管理者的薪酬增长停滞不前。更棘手的是，新老员工的薪资倒挂现象已经引发了诸多不满。他尝试过几个调整方案，但每次测算都会引发新的问题——要么成本超标，要么激励效果不理想。

就在李明一筹莫展之际，他想起了之前接触过的DeepSeek智能分析平台。抱着试试看的心态，他将公司各岗位的薪酬架构分布表上传至DeepSeek，并输入了几个关键诉求：控制总成本增幅在15%以内，提升核心岗位竞争力，解决新老员工薪资倒挂问题。

三天后，系统生成的诊断报告让李明眼前一亮。DeepSeek通过行业对标分析指出，公司研发序列的固定薪资占比高达82%，远高于行业平均的65%；销售团队的提成比例虽然看似丰厚，但由于考核指标单一，实际激励效果大打折扣。更关键的是，报告提供了一个突破性的思路：通过调整固定与浮动工资比例来优化薪酬结构，而不是简单地增加总薪酬包。

"这个思路太及时了。"李明喃喃自语。他立即组织团队根据DeepSeek的建议，设计了一套分步实施的优化方案。首先针对销售团队，将固浮比从3:7调整为4:6，同时引入客户满意度、回款周期等多元考核指标。为了说服管理层，李明特意引用了DeepSeek的行业数据："在我们这个细分领域，领先企业的销售团队固浮比普遍在4:6到5:5之间，既能保持激励力度，又能引导长期行为。"

方案汇报会上，财务总监最先提出质疑："调整固浮比会不会导致总成本增加？"李明早有准备，他调出DeepSeek的模拟测算数据："通过优化奖金结构，我们可以在总成本增幅不超过12%的情况下，将核心销售人员的实际收入提升15%~20%。"这个回答让财务总监的眉头舒展开来。

有了销售团队的成功试点，李明开始着手解决研发部门的薪酬问题。这一次，他更加充分地利用了DeepSeek的分析功能。DeepSeek通过专利产出、项目贡献等维度，帮助他识别出真正的核心技术人员。基于这些分析，李明设计了一套差异化的薪酬方案：对基础研发人员保持相对稳定的薪酬结构，对核心技术骨干则引入项目分红和专利奖励机制。

在推进过程中，李明遇到了意想不到的阻力。研发副总裁担心新的考核指标会影响团队稳定性："工程师们最反感的就是变来变去的考核方式。"李明没有急着反驳，而是通过DeepSeek生成了同行业企业的研发薪酬结构案例，并重点展示了那些成功平衡稳定性与激励性的做法。这份翔实的行业数据最终打动了研发副总裁，同意先在一个项目组进行试点。

六个月后，薪酬优化的成效开始显现。销售团队的人员流失率下降了40%，客户满意度提高了25个百分点，研发部门的专利申报数量同比增长了30%。最让李明欣慰的是，CEO在季度管理会议上主动提到："这次薪酬调整比我们预想的要顺利得多，既解决了实际问题，又没有引起太大震荡。"

回顾这段经历，李明深有感触。在最近一次HR行业分享会上，他这样总结道："专业的HR不能只靠经验和直觉，更要善于借助智能工具的力量。DeepSeek不仅帮助我们找到了优化方向，更重要的是提供了有说服力的数据支撑，让变革方案更容易获得各方的认可。"

现在，这家智能硬件公司的薪酬体系已经步入良性发展的轨道。而李明也在这个过程中完成了一个HR专业人士的重要蜕变——从单打独斗到善用工具，从凭感觉做事到数据驱动决策。

借助DeepSeek进行薪酬优化的实操步骤如下。

1.准备训练资料

AI训练资料3.6.1

公司背景资料

本资料与AI训练资料3.1.1相同，此处略。

AI训练资料3.6.2

公司各部门各岗位工资结构表（年总包）（节选）

技术研发中心年度工资表

岗位名称	基本工资/元	岗位工资/元	绩效奖金/元	年度总工资/元	市场分位数
硬件研发总监	300 000	100 000	50 000	450 000	P45
嵌入式软件工程师	168 000	42 000	0	210 000	P40
传感器开发工程师	144 000	36 000	0	180 000	P38
结构设计工程师	120 000	30 000	0	150 000	P35
测试验证工程师	108 000	27 000	0	135 000	P33
PCB设计工程师	96 000	24 000	0	120 000	P32

生产管理中心年度工资表

岗位名称	基本工资/元	岗位工资/元	绩效奖金/元	年度总工资/元	市场分位数
生产总监	240 000	60 000	60 000	360 000	P40
PE	96 000	24 000	0	120 000	P35
QC主管	84 000	21 000	0	105 000	P32
设备科长	90 000	22 500	0	112 500	P33
生产车间主任	78 000	19 500	0	97 500	P30
SMT操作工	48 000	12 000	0	60 000	P30
组装操作工	45 600	11 400	0	57 000	P28
测试操作工	46 800	11 700	0	58 500	P29

2.输入专业提示词

> **AI训练资料3.6.3 提示词**

角色：薪酬绩效专家

任务：解析上传的公司背景资料及岗位工资结构表，进行薪酬结构、薪酬策略的诊断并提出优化建议。

要求：

根据公司所属行业的标杆案例及企业现在发展的实际情况进行分析。

我公司今年需要将总人工成本与利润挂钩，固定人工成本仅能增加10%～15%。

格式：用文本及表格形式呈现，不要用markdown和代码。

3.生成结果

> **AI生成结果3.6.1**

薪酬结构诊断及优化方案

根据公司战略目标和薪酬现状，结合智能硬件行业特点（技术密集型、快速迭代、人才竞争激烈），提出以下诊断及优化方案。

一、薪酬现状诊断

（1）结构失衡：技术序列固定薪资占比过高（平均占80%），生产序列绩效激励缺失（全是固定工资）

（2）市场竞争力：核心岗位分位值对比

部门	典型岗位	当前分位	建议分位
技术研发中心	硬件研发总监	P45	P60
生产制造中心	SMT操作工	P30	P35
市场营销中心	高级销售经理	P65	保持
供应链管理部	采购经理	P50	P55

（2）策略矛盾：销售序列高提成激励（占66%）与公司降本目标存在冲突

二、优化方案（总人工成本增幅控制在12%）

（1）薪酬结构调整方案

岗位类型	原固浮比	新固浮比	调整方向
研发技术岗	8:2	7:3	增加项目奖金
生产操作岗	10:0	8:2	引入质量成本节约奖
销售岗	3:7	4:6	降低提成比例，增加过程奖
供应链岗	7:3	6:4	绑定库存周转率指标

（2）重点岗位优化建议

技术序列：硬件研发总监总工资提升至54万元（P60），其中新增20%技术成果转化分红

生产序列：建立"单位工时产出奖"，将设备科长薪酬与设备利用率挂钩

采购岗位：设置"年度降本达成奖"，采购成本下降1%对应奖金系数提升0.3

三、实施保障

（1）建立薪酬带宽机制：给关键岗位设置15%~20%薪资带宽，允许跨级晋升

（2）优化绩效考核：将售后故障率纳入研发人员考核（权重20%）

（3）成本控制：通过生产效率提升抵消12%的人力成本增幅，经测算，生产效能需提升8%

注：本方案实施后预计可使核心岗位离职率下降30%，人均产出提升15%，实现人工成本增速与利润增长挂钩（弹性系数0.8）。

如果感觉有问题，可以再次复查，另外，非满血版、满血版的DeepSeek以及参与过深度训练与未参与过非深度训练的DeepSeek输生结果会有一些偏差，可多次反复训练。

4. 追加训练

🔵 AI训练资料3.6.4 提示词

延续前面的对话，在薪酬结构优化方案基础上进行细化。对不同岗位序列的新固浮比及优化建议均进行详细拆解和说明。

5. 生成结果

> **AI生成结果3.6.2**

深化版薪酬结构及策略优化建议

根据企业战略目标及成本控制要求，现对各岗位序列薪酬优化方案进行细化说明。

一、技术研发序列（固浮比7:3）

1. 结构拆解

基本工资（55%）+岗位工资（15%）+项目奖金（30%）

2. 示例：硬件研发总监总工资54万元=29.7万元（基本工资）+8.1万元（岗位工资）+16.2万元（项目奖金）

优化措施

- 项目奖金拆分：60%按里程碑节点发放，40%根据产品上市后12个月故障率发放
- 技术分红机制：将专利成果转化利润的5%作为团队奖励池
- 特殊津贴：对传感器开发工程师增设"技术攻坚津贴"（月薪的20%）

二、生产制造序列（固浮比8:2）

1. 结构拆解

基本工资（60%）+岗位工资（20%）+效能奖金（20%）

2. 示例：SMT操作工总工资6.5万元=3.9万元+1.3万元+1.3万元

优化措施

- 质量成本奖：当季度良品率≥99%时，按节约成本20%计提奖金
- 效能阶梯奖：

单位工时产出提升10%→奖金基数×1.2

提升15%→奖金基数×1.5

提升20%→奖金基数×2.0

技能津贴：取得六西格玛认证人员月增800元

三、供应链序列（固浮比6:4）

1. 结构拆解

基本工资（50%）+岗位工资（10%）+绩效奖金（40%）

2. 示例：采购经理总工资30万元=15万元+3万元+12万元

优化措施

- 库存周转激励：

周转率同比提升10%→奖金系数1.2

提升20% → 奖金系数1.5

下降则系数最低0.8

- 联合降本奖：采购成本下降额的3%由供应链团队分配
- 紧急备货响应奖：48小时紧急备货次数占比超30%时，单次奖励500元

四、市场营销序列（固浮比4:6）

1. 结构拆解

基本工资（30%）+岗位工资（10%）+业绩奖金（60%）

2. 示例：高级销售经理总工资45万元=13.5万元+4.5万元+27万元

优化措施

- 提成阶梯调整：

基础目标内提成比例3%

对于超额20%部分提成4%

对于超额50%部分提成5%

- 过程考核奖：20%奖金根据客户信息完整度、方案通过率等指标发放
- 战略客户奖：如果拿下行业标杆客户，额外奖励5万元/单

五、职能服务序列（固浮比9:1）

1. 结构拆解

基本工资（70%）+岗位工资（20%）+绩效奖金（10%）

2. 示例：客服部经理总工资13万元=9.1万元+2.6万元+1.3万元

优化措施

- 服务满意度奖：如果季度满意度≥95%，发放1.5倍奖金
- 知识库贡献奖：对于被采纳的优化建议，每条奖励300元
- 跨部门协作奖：如果获得其他部门书面好评，每次奖励200元

实施要点：

1. 过渡期设置：生产序列用6个月逐步导入绩效部分，首年保底奖金为应得奖金的80%
2. 成本控制阀：当季度利润同比下降时，浮动部分按利润下降比例同比例扣减
3. 特殊项目处理：研发端的重大攻关项目可申请薪酬包总额20%的弹性空间

注：经测算，该方案实施后核心岗位薪酬竞争力将提升至行业P55分位，整体人工成本增幅控制在12.3%，通过生产效率提升可消化8%的成本压力。

注：在薪酬结构及策略的输出层面，DeepSeek的生成结果可供参考度取决于投喂资料的多少、精准度及提示词的精准度。如果在条件允许的情况下，可以在数据脱敏后投喂月、季度等奖金规则、提成等。再继续追加训练，直到优化方案更接近公司实际情况。

本节配套资料下载

第 4 章

AI赋能人才发展体系

第1节　星芯科技的人才破局：从困境到盘点的第一步

2025年春天，星芯科技的新一代芯片"EdgeX"研发进入攻坚阶段，可会议室里的气氛却格外凝重。作为在公司待了8年的资深HRM（人力资源经理）张静，看着研发总监摔在桌上的进度表——芯片测试岗空缺三个月导致项目延期，硬件开发组因为FPGA（现场可编程门阵列）算法攻坚卡壳，不得不外聘专家，而最让她揪心的是，核心研发经理李工最近频繁跟猎头接触，一旦他离职，整个架构设计团队可能面临技术断层。这些问题像滚雪球一样越滚越大，张静清楚地意识到，公司快速扩张背后的人才隐患，已经从"小裂缝"变成了"大窟窿"。

HRM张静翻出近半年的人力资源报告："90后"员工占比60%，但核心技术岗离职率高达21%，远超行业平均水平。在关键岗位中，如架构设计、硬件开发，80%的项目交付依赖3～5位资深专家，其中芯片研发经理岗只有李工一人能完全胜任，且没有明确的接班人。更棘手的是，在硬件和嵌入式团队中，真正能攻克功耗优化、FPGA加速算法等技术卡点的人不足15%，多数员工的技能停留在"完成基础任务"层面。"人难用、人难管、人难留。"张静心里清楚，以前公司发展快，业绩好，即使有一些小问题也没有什么，但现在公司已经进入关键发展期，现在这些问题已经严重影响公司发展。身为公司老员工的资深HRM，张静也明白靠外招解决不了根本问题，必须搭建自己的人才梯队——让有潜力的人冒出来，让关键技术有备份，让团队不再依赖"少数人硬撑"。

她在笔记本上列出人才梯队的核心目标：

短期解决关键岗位断档、技术攻坚缺人、跨部门协作低效问题；

长期建立科学的人才培养和储备机制，不再靠"拍脑袋"管人。

在月度经营例会上，张静刚提出"建立人才梯队"的系统方案，就被各业务部门泼了冷水。硬件部刘经理皱着眉说："张静，我们也知道培养人重要，但现在每天盯着项目进度，搞梯队建设太复杂了，又是测评又是培训，哪有精力？"测试部陈工跟着附和："上次外招的人半年都没上手，还不如让老人多加点班，对于梯队建设还是徐徐图之吧。"

看着会议室里此起彼伏地摇头，张静突然意识到，业务部门不是反对梯队建设，而是被"复杂的体系"吓住了。他们需要的不是空中楼阁般的规划,而是能立刻落地的简单动作。她想起自己在HRBP(人力资源业务伙伴)群里看到的案例——很多公司从"轻量级人才盘点"开始,用现有工具叠加简单评估,既能摸清家底,又不增加太多负担。

星芯科技目前只有绩效考核数据,经过思考,张静希望先做敏捷版本的潜力评估,让上级根据下属团队岗位胜任素质进行评估,再融入老板最看重的价值观匹配度(工作态度、考勤、价值观、行为等)。想法很美好,但让张静没想到的是,当她尝试让各部门管理层参与其中时,却碰了壁:有的经理说"没时间琢磨这些虚的",有的直接使用过往招聘要求,完全没结合现有业务痛点。看着交上来的"天书"般的评估表,张静咬了咬牙:算了,我们就让他们"少动脑子吧"。

她带着HR团队提取近半年的绩效数据,编制绩效统计表。从中发现不少问题,比如硬件组的小王,虽然KPI排名中等,但在EdgeX项目中主动承接了FPGA模块的调试任务,跨部门协作评分全组最高,被标记为"值得关注"。

她围绕岗位胜任素质编制评估表,让各部门领导能够轻松评估。在这一步,张静借助了AI的力量快速完成了基于胜任素质的评估打分表。实操步骤如下。

1. 准备投喂资料

> **AI训练资料4.1.1**

星芯科技公司背景

公司名称:星芯科技

成立时间:2018年

规模:员工150人(研发人员占比超过65%)

领域:工业物联网解决方案+边缘计算芯片研发

融资阶段:B轮(估值15亿元人民币)

总部:成都高新西区,在北京、深圳设分支机构

核心客户:汽车制造企业、新能源电池厂、智慧物流企业

战略目标与挑战

短期(1~2年):推出新一代低功耗边缘计算芯片"EdgeX",抢占国内市场份额。

长期:成为工业场景下"端-边-云"全栈解决方案供应商。

目前问题:

芯片研发团队严重依赖个别技术专家,知识未有效沉淀;

销售团队缺乏既懂IIoT[①]又熟悉垂直行业的复合型人才；

"90后"员工占比高（58%），核心技术人员每年离职率21%。

主要组织结构：

芯片研发中心（54人）：架构设计（5人）、硬件开发（25人）、嵌入式软件（24人）

关键技术卡点：FPGA加速算法、功耗优化

工业智能事业部（42人）：解决方案组（行业专家+工程师混合编制）、实施交付组（现场部署为主，高出差频率）

销售与市场部（26人）：按区域划分（西南、华北、华南）

支持部门（HR、财务、IT等部门，23人）

AI训练资料4.1.2

星芯科技芯片研发中心各岗位胜任素质模型（节选）

首席芯片架构师胜任力模型

一、通用素质（权重40%）

战略思维（权重12%）

等级1：理解公司技术路线与业务目标的关系（2分）

等级2：参与制定部门年度技术规划（4分）

等级3：主导芯片架构的技术创新（6分）

等级4：预判行业3~5年的技术发展趋势（8分）

等级5：制定行业领先的技术发展战略（10分）

领导力（权重10%）

等级1：清晰表达技术决策依据（2分）

等级2：说服团队成员接受技术方案（4分）

等级3：协调跨部门技术资源（6分）

等级4：推动公司采纳新型架构标准（8分）

等级5：建立行业技术话语权和标准（10分）

[①] IIoT：工业互联网。

注：实操时，尽量不要一次性投喂太多岗位胜任素质，以最小部门为单位投喂，生成评估表，防止出现DeepSeek偷懒的问题。

2.输入提示词

> **AI训练资料4.1.3 提示词**

角色：你是一名HR专家

任务：围绕上传的资料，生成最适合这两个关键岗位的胜任潜力评估表

要求：

1. 要围绕胜任素质核心要素和专业要素进行评估
2. 每个题目10分为满分，每个要素评估不少于3道题，总分即单个要素的得分
3. 通用素质权重占比30%，专业素质占比70%，换算分可以有小数点
4. 单人总分为每个要素的得分相加
5. 该评估表为人才盘点的"胜任潜力"评估表，用于上级对员工进行评估，要有评价栏
6. 要用业务员和HR能看懂的语言，不要用过于专业的语言或过于简单的语言，要贴近业务场景（如：该员工在跨部门协调技术资源时的效率）
7. 所有岗位名均要对照前面上传的资料表格和生成的结果，不要虚拟数据

格式：

1. 每道评估题在表格中单独占一行
2. 用文本和表格形式呈现，不要用markdown和代码

3.生成结果（初次结果）

> **AI生成结果4.1.1 两个核心岗位胜任素质潜力评价表**

首席芯片架构师胜任潜力评估表（上级评价）

总分计算方式：通用素质总分×30% + 专业素质总分×70%

通用素质（30%权重）

评估要素	具体评估题	评分（0~10）	上级评价 ▶
战略思维	1.参与制定部门年度技术规划的质量（例：规划可执行性/创新性）		
	2.预判工业物联网领域3~5年技术趋势的准确度（例：边缘计算/FPGA方向预判）		
	3.芯片架构设计与公司"端-边-云"战略的匹配度（例：方案协同性评估）		
团队影响力	1.跨部门协调的效率（例：与工业智能事业部方案对接时效）		
	2.关键技术决策被团队采纳的比例（例：架构方案采纳率统计）		
	3.季度技术分享会组织成效（例：参与人数/知识沉淀量）		
创新突破	1.年度提交新型架构方案数量（例：EdgeX芯片相关提案）		
	2.关键技术专利转化率（例：FPGA加速算法专利实际应用情况）		
	3.芯片能效优化突破幅度（例：实测功耗降低百分比）		

专业素质（70%权重）

评估要素	具体评估题	评分（0~10）	上级评价 ▶
架构设计	1.复杂架构问题平均解决周期（例：从问题识别到验证通过时长）		
	2.模块复用率提升幅度（例：对比前代芯片统计复用组件数量）		
	3.设计文档完整度（例：嵌入式团队可直接使用的接口文档占比）		
低功耗优化	1.系统级功耗控制达标率（例：用实测数据对比设计指标）		

（续表）

评估要素	具体评估题	评分（0~10）	上级评价 ▶
	2.创新节能方案应用效果（例：动态电压调节技术节省能耗比例）		
	3.能效测试行业排名（例：与同类芯片能效比较）		
专利布局	1.年度核心专利申报数量（例：涉及FPGA加速/功耗优化的专利数）		
	2.专利侵权风险规避成效（例：法务部反馈的风险专利数量）		
	3.专利技术复用价值（例：被其他项目引用的专利数量）		

硬件研发经理胜任潜力评估表（上级评价）

总分计算方式：通用素质总分×30% + 专业素质总分×70%

通用素质（30%权重）

评估要素	具体评估题	评分（0~10）	上级评价 ▶
团队建设	1.核心技术人员保留率（例：年度主动离职率，与部门均值对比）		
	2.新人成长达标率（例：提前通过技能认证的新人占比）		
	3.跨项目协作成效（例：支援其他项目的人次与成果反馈）		
成本控制	1.研发物料周转率（例：呆滞物料占比下降幅度）		
	2.设备使用效率（例：EDA工具并发使用率）		
	3.预算执行准确度（例：实际支出与预算偏差±3%内的项目占比）		
风险管控	1.提前识别技术风险的数量（例：在验证阶段前发现的问题数）		
	2.技术备选方案完备性（例：关键模块的替代方案储备情况）		

（续表）

评估要素	具体评估题	评分（0~10）	上级评价 ▶
	3.危机响应速度（例：从问题发生到成立专项组的平均时长）		

专业素质（70%权重）

评估要素	具体评估题	评分（0~10）	上级评价 ▶
研发效能	1.项目里程碑准时达成率（例：按计划完成验证的节点数）		
	2.重大技术问题解决时效（例：从上报到解决的响应时长）		
	3.流程优化节省工时（例：敏捷开发方法提升的效率值）		
质量保障	1.千片芯片不良率（例：量产前测试的不良品数量）		
	2.预防性措施实施量（例：新增防错机制的数量）		
	3.客户验收通过率（例：首次送样通过的比例）		
技术传承	1.标准化文档覆盖率（例：可复用文档占项目文档的比例）		
	2.经验复用案例数（例：被其他项目采用的技术方案数）		
	3.技能认证通过率（例：团队中通过内部认证的人员占比）		

评估说明：

1. 评分依据：10分（持续超出预期），8分（稳定达标），6分（基本合格），4分（需要改进），2分（严重不足）

2. 评价栏填写要求：需列举具体事例，如"在EdgeX项目中提前3个月完成功耗优化方案设计"

4.追加提示词

因为AI的特性问题,需要再次追加训练,让其补充完整,如果已经完整则可忽略这一步。

> **AI训练资料4.1.4 提示词**
>
> 对专业素质全部五个要素进行评估,每个要素至少3道题。补充两个关键岗位专业素质部分的题目。

5.生成结果(补充结果)

> **AI生成结果4.1.2 两个核心岗位胜任素质补充评估表**

首席芯片架构师专业素质补充评估表

评估要素	具体评估题	评分(0~10)	上级评价 ▶
技术前瞻性	1.提前布局AIoT[①]融合技术的方案数量(例:神经网络加速单元设计)		
	2.参与行业技术标准制定的贡献度(例:在边缘计算联盟中的提案数量)		
	3.技术路线图更新及时性(例:按季度更新技术规划文档)		
跨领域整合	1.软硬件协同设计问题解决率(例:驱动开发遇阻时的协调效率)		
	2.系统级验证方案完备性(例:覆盖90%以上异常场景)		
	3.跨部门需求转化效率(例:将工业智能事业部需求转化为架构设计要求的周期)		

---

① AIoT:人工智能物联网。

硬件研发经理专业素质补充评估表

评估要素	具体评估题	评分（0~10）	上级评价▶
技术决策能力	1.关键技术方案采纳率（例：验证通过的技术决策占比）		
	2.新技术导入成功率（例：新型EDA[①]工具应用成效）		
	3.技术风险评估准确度（例：提前识别FPGA算法风险的次数）		
研发流程优化	1.敏捷开发迭代周期缩短幅度（例：开发周期从14天缩短至7天的模块占比）		
	2.缺陷追溯系统覆盖率（例：95%以上问题可追溯至具体环节）		
	3.工具链自动化率提升（例：测试用例自动生成比例）		

6.HR对两次结果进行整合，获得完整版本

两个核心岗位胜任素质潜力评价表（完整版）

首席芯片架构师胜任潜力评估表（上级评价）

总分计算方式：通用素质总分×30% + 专业素质总分×70%

通用素质（30%权重）

评估要素	具体评估题	评分（0~10）	上级评价▶
战略思维	1.参与制定部门年度技术规划的质量（例：规划可执行性/创新性）	7	
	2.预判工业物联网领域3~5年技术趋势的准确度（例：边缘计算/FPGA方向预判）	8	
	3.芯片架构设计与公司"端-边-云"战略的匹配度（例：方案协同性评估）	6	

---

① EDA：电子设计自动化。

（续表）

团队影响力	1.跨部门协调技术资源的效率（例：与工业智能事业部方案对接时效）	5	效率较低
	2.关键技术决策被团队采纳的比例（例：架构方案采纳率统计）	8	
	3.季度技术分享会组织成效（例：参与人数/知识沉淀量）	5	
创新突破	1.年度提交新型架构方案数量（例：EdgeX芯片相关提案）	8	
	2.关键技术专利转化率（例：FPGA加速算法专利实际应用情况）	7	
	3.芯片能效优化突破幅度（例：实测功耗降低百分比）	9	创新突破技能比较强

专业素质（70%权重）

评估要素	具体评估题	评分（0~10）	上级评价
架构设计	1.复杂架构问题平均解决周期（例：从问题识别到验证通过时长）	10	技术较好
	2.模块复用率提升幅度（例：对比前代芯片统计复用组件数量）	9	
	3.设计文档完整度（例：嵌入式团队可直接使用的接口文档占比）	8	
低功耗优化	1.系统级功耗控制达标率（例：用实测数据对比设计指标）	7	
	2.创新节能方案应用效果（例：动态电压调节技术节省能耗比例）	8	
	3.能效测试行业排名（例：与同类芯片能效比较）	9	
专利布局	1.年度核心专利申报数量（例：涉及FPGA加速/功耗优化的专利数）	8	
	2.专利侵权风险规避成效（例：法务部反馈的风险专利数量）	9	
	3.专利技术复用价值（例：被其他项目引用的专利数量）	7	

（续表）

评估要素	具体评估题	评分	上级评价
技术前瞻性	1.提前布局AIoT融合技术的方案数量（例：神经网络加速单元设计）	8	
	2.参与行业技术标准制定的贡献度（例：在边缘计算联盟中的提案数量）	7	
	3.技术路线图更新及时性（例：按季度更新技术规划文档）	8	
跨领域整合	1.软硬件协同设计问题解决率（例：驱动开发遇阻时的协调效率）	7	
	2.系统级验证方案完备性（例：覆盖90%以上异常场景）	9	
	3.跨部门需求转化效率（例：将工业智能事业部需求转化为架构设计要求的周期）	5	

硬件研发经理胜任潜力评估表（上级评价）

总分计算方式：通用素质总分×30% + 专业素质总分×70%

通用素质（30%权重）

评估要素	具体评估题	评分（0~10）	上级评价
团队建设	1.核心技术人员保留率（例：年度主动离职率与部门均值比较）	7	
	2.新人成长达标率（例：提前通过技能认证的新人占比）	5	
	3.跨项目协作成效（例：支援其他项目的人次与成果反馈）	9	
成本控制	1.研发物料周转率（例：呆滞物料占比下降幅度）	8	
	2.设备使用效率（例：EDA工具并发使用率）	6	
	3.预算执行准确度（例：实际支出与预算偏差±3%内的项目占比）	10	
风险管控	1.提前识别技术风险的数量（例：在验证阶段前发现的问题数）	8	
	2.技术备选方案完备性（例：关键模块替代方案储备情况）	6	
	3.危机响应速度（例：从问题发生到成立专项组的平均时长）	5	速度有些慢

（续表）

专业素质（70%权重）			
评估要素	具体评估题	评分（0~10）	上级评价▶
研发效能	1.项目里程碑准时达成率（例：按计划完成验证的节点数）	7	中规中矩
	2.重大技术问题解决时效（例：从上报到解决的响应时长）	5	
	3.流程优化节省工时（例：敏捷开发方法提升的效率值）	9	
质量保障	1.千片芯片不良率（例：量产前测试的不良品数量）	9	
	2.预防性措施实施量（例：新增防错机制的数量）	7	
	3.客户验收通过率（例：首次送样通过的比例）	9	
技术传承	1.标准化文档覆盖率（例：可复用文档占项目文档的比例）	9	
	2.经验复用案例数（例：被其他项目采用的技术方案数）	7	
	3.技能认证通过率（例：团队中通过内部认证的人员占比）	4	
技术决策能力	1.关键技术方案采纳率（例：验证通过的技术决策占比）	10	
	2.新技术导入成功率（例：新型EDA工具应用成效）	8	
	3.技术风险评估准确度（例：提前识别FPGA算法风险的次数）	8	
研发流程优化	1.敏捷开发迭代周期缩短幅度（例：从14天缩短至7天的模块占比）	9	
	2.缺陷追溯系统覆盖率（例：95%以上问题可追溯至具体环节）	8	
	3.工具链自动化率提升（例：测试用例自动生成比例）	7	

有了胜任素质潜力评估表，HR可以让各位领导直接进行评价，再回收，即可获得每名员工的胜任潜力。

本节配套资料下载

第2节　从双维人才盘点走向三维立体人才评估

张静推动各业务部门领导对各团队的胜任素质进行评估后，让HR专员进行汇总。看着硬件组小王在"FPGA算法攻坚"项拿到9分，嵌入式软件组小吴的"跨模块协同"评分全组最高。张静明白单维的能力评估只是起点，真正的人才盘点需要把"绩效""胜任力""价值观"串起来，形成立体的员工画像。她决定趁热打铁，带着HR团队推动人才盘点，推开两扇门——用二维人才盘点看"能不能干"，用三维人才盘点看"愿不愿意干"。

1.二维人才盘点：用"绩效产出 + 胜任潜力判断"画出能力矩阵

张静指导HR专员对每个部门半年度绩效得分进行统计，再对胜任素质评估结果进行汇总统计。她借助AI的力量生成"绩效+潜力人才九宫格分析报告"，将此分析报告拿到会上进行讨论。在经营例会上，张静表示："这张图能帮我们一眼看清谁是'性价比选手'。"她指着"中绩效-卓越胜任力"区域说："比如小赵，KPI没进前20%，但在架构设计的'模块复用率'和'跨部门需求转化'上得分突出，说明他更适合复杂设计任务，之前却被埋没在常规开发里。"

鉴于已经有了绩效产出与胜任潜力的评估，张静表示，接下来，公司人力资源部会继续深化推动三维立体人才盘点。

2.三维立体人才盘点：让价值观成为"隐形标尺"

当二维矩阵初步成型，张静发现一个关键缺口：有些技术能力强的员工，在团队中却像"孤岛",而部分默默付出的"老黄牛",其价值观贡献一直未被量化。她想起老板在战略会上反复强调的:"我们要的不是单打独斗的英雄,而是能扛着团队往前走的同路人。"于是,她带着HR团队重新梳理价值观评估维度,聚焦三个核心方向。

1)工作积极性与投入度:用行为细节丈量"主动性"

张静让HRBP从项目日志、协作记录中提取此维度的一些具体行为,例如:

(1)主动担责。是否在项目缺人时主动补位(如测试部小李在芯片测试岗空缺时,主动承接自动化测试框架搭建工作)。

(2)创新尝试。近3个月是否提出过技术改进方案(如嵌入式软件组小吴优化代码注释规范,让新人上手效率提升40%)。

(3)超额付出。包括非职责范围内的任务承接次数、工作时长等(如硬件组小王主动翻译3篇英文前沿算法文献,分享给团队)。

2)价值观符合性:用"反向清单"筛出协作"阻力点"

针对"不配合指令、不协作"等问题,张静设计了"价值观反向指标"。

(1)指令执行度。是否多次对跨部门协作需求推诿(如某资深工程师拒绝参与硬件-软件联调会,导致接口问题拖延两周)。

(2)团队抵触行为。公开质疑团队决策或消极执行的次数(如在架构方案评审中,某工程师多次打断他人发言,且不提供替代方案)。

(3)知识垄断。拒绝分享技术经验或藏私(如老陈连续三个月拒绝新人请教,导致组内FPGA算法经验断层)。

在回收的评估表中,老陈的"指令执行度"和"知识垄断"两项得分极低,直属上级备注:"被分配带教任务时直接说'没时间',部门技术分享会从不参与。"张静意识到,这类员工若不及时干预,可能影响团队凝聚力。

3)其他核心价值观:让"长期主义"看得见

结合公司战略,张静补充了"技术深耕""客户导向"等价值观指标。

(1)技术深耕。是否持续钻研核心技术卡点(如李工主导的EdgeX功耗优化方案,历经12次迭代仍在持续改进)。

(2)客户导向。主动收集客户需求并推动产品优化的次数(如工业智能事业部的小赵,在现场部署时发现客户需求,牵头开发了定制化驱动模块)。

这些指标让价值观不再是口号,而是融入日常工作的行为准则。例如,解决方案组的大刘因"客户导向"得分突出,被优先推荐参与核心客户的技术对接,逐渐成长为行业专家型人才。

3.校准会上的"价值观辩论":让模糊评价变清晰

为了避免价值观评估流于形式,张静组织了首次"价值观行为校准会",让部门经理带着具体案例"摆事实",这是三维人才盘点的核心工作。

当嵌入式软件组王总监提到"小吴绩效考核成绩中等但主动带新人"时,张静引导大家聚焦:"带新人是否占用了他的核心工作时间?是否有实质成果?"最终,小吴因"培养出2名能独立开发驱动的新人",被认定为"价值观突出",纳入潜力储备池。讨论到老陈的"知识垄断"时,硬件部刘经理坦言:"他技术过硬,但确实不配合团队传承,之前怕影响项目进度,一直没敢管。"张静建议:"可以从'最小带教动作'开始,比如让他每月做一次15分钟的技术微分享,逐步建立协作习惯。"

价值观评估得到结果以后,张静再次借助AI的力量辅助完成敏捷版人才盘点分析报告,针对不同象限的员工,制定不同的策略。例如,针对高绩效+高潜力+高价值观的三人,将他们纳入高潜CXO(企业中各种高级管理人员的统称)继任计划培养中。针对高绩效+高潜力+低价值观的两位员工,限制接触核心知识产权,重新考虑授权。而针对高价值观但绩效一般的员工,则采取轮岗培养计划,以挖掘更好的适配岗位,产生高绩效。

这场从二维到三维的盘点,让星芯科技的人才管理终于跳出了"唯绩效论"的局限。张静深知,当"工作积极投入"被看见,"协作阻力"被干预,"高价值观行为"被奖励,员工才会真正把个人成长与公司目标绑在一起。现在,她办公桌上的人才地图上,每个名字旁边都多了一行小字——那不是冰冷的评分,而是具体的成长故事:小王在 EdgeX 项目中第一次独立负责模块设计,小吴的代码规范被写入公司技术手册,老陈的带教笔记成为新人必学资料……

下班前,张静收到李工的消息:"小赵今天在架构评审会上提出的多核协同方案,让我眼前一亮。看来你们的盘点不是虚的,真的把人用活了。"看着窗外暮色中的写字楼,她突然觉得,那些曾经让人头疼的"人难用、人难管、人难留",其实都藏在细节里——只要用对了方法,把价值观变成看得见的行为,把评估变成促成长的工具,每个员工都能在星芯科技找到自己的位置。而这,正是人才梯队建设最坚实的地基。

AI辅助完成敏捷版人才盘点分析报告实操步骤如下。

1. 准备训练资料

▶ **AI训练资料4.2.1**

星芯科技公司背景

同本章第1节公司背景资料（AI训练资料4.1.1）。

▶ **AI训练资料4.2.2**

硬件开发组胜任素质评估分汇总表（节选）

硬件开发组——硬件开发经理评估表										
岗位	姓名	工号	通用素质得分	专业素质得分	实际得分	百分比得分	通用素质优势项	通用素质劣势项	专业素质优势项	专业素质劣势项
硬件开发经理	张伟	RD2101	25	50	75	93.75	决策能力(9.5/10)[①]	跨部门协作(7.5/10)	技术规划(10/10)	无
硬件开发经理	李明	RD2102	20	40	60	75	风险意识(8/10)	战略思维(6/10)	团队建设(8/10)	技术前瞻性(7/10)
硬件开发经理	王芳	RD2103	28	45	73	91.25	资源协调(9/10)	时间管理(8/10)	成本控制(9.5/10)	无

[①] 9.5/10表示得分/总分，下同。

AI训练资料4.2.3

硬件开发组半年度绩效统计表（节选）

<table>
<tr><th colspan="7">硬件开发组——硬件研发经理2023半年度绩效统计表</th></tr>
<tr><th>姓名</th><th>工号</th><th>指标维度</th><th>第1季度得分</th><th>第2季度得分</th><th>半年度总分</th><th>趋势变化分析</th><th>半年度评级</th></tr>
<tr><td rowspan="6">张强</td><td rowspan="6">HW001</td><td>项目交付及时率</td><td>90</td><td>85</td><td>87.5</td><td>−6%</td><td rowspan="6">A−</td></tr>
<tr><td>需求变更响应效率</td><td>88</td><td>92</td><td>90</td><td>5%</td></tr>
<tr><td>团队协作效率</td><td>86</td><td>83</td><td>84.5</td><td>−3%</td></tr>
<tr><td>技术创新推动力</td><td>89</td><td>91</td><td>90</td><td>2%</td></tr>
<tr><td>资源调配与优化能力</td><td>85</td><td>87</td><td>86</td><td>2%</td></tr>
<tr><td>当月绩效综合得分</td><td>87.6</td><td>87.6</td><td>87.6</td><td>0%</td></tr>
<tr><td rowspan="6">李明</td><td rowspan="6">HW002</td><td>项目交付及时率</td><td>78</td><td>80</td><td>79</td><td>3%</td><td rowspan="6">B</td></tr>
<tr><td>需求变更响应效率</td><td>75</td><td>77</td><td>76</td><td>3%</td></tr>
<tr><td>团队协作效率</td><td>80</td><td>78</td><td>79</td><td>−3%</td></tr>
<tr><td>技术创新推动力</td><td>73</td><td>70</td><td>71.5</td><td>−4%</td></tr>
<tr><td>资源调配与优化能力</td><td>76</td><td>79</td><td>77.5</td><td>4%</td></tr>
<tr><td>当月绩效综合得分</td><td>76.4</td><td>76.8</td><td>76.6</td><td>1%</td></tr>
<tr><td rowspan="6">王磊</td><td rowspan="6">HW003</td><td>项目交付及时率</td><td>82</td><td>85</td><td>83.5</td><td>4%</td><td rowspan="6">B+</td></tr>
<tr><td>需求变更响应效率</td><td>80</td><td>78</td><td>79</td><td>−3%</td></tr>
<tr><td>团队协作效率</td><td>85</td><td>82</td><td>83.5</td><td>−4%</td></tr>
<tr><td>技术创新推动力</td><td>88</td><td>90</td><td>89</td><td>2%</td></tr>
<tr><td>资源调配与优化能力</td><td>84</td><td>86</td><td>85</td><td>2%</td></tr>
<tr><td>当月绩效综合得分</td><td>83.8</td><td>84.2</td><td>84</td><td>0%</td></tr>
</table>

实操时，尽量用符合自己公司实际情况的表格进行训练，确保训练结果能够有更好的

效果。如果不参考投喂资料的内容，AI分析结果极有可能会有偏差。

2.输入专业提示词

> **AI训练资料4.2.4　提示词**

角色：人才盘点专家

任务：根据半年度绩效统计报告和胜任潜力评估数据表，生成一份专业的人才盘点分析报告。报告需包含定量分析与定性洞察。

要求：

1.从人才盘点九宫格矩阵的角度进行分析（绩效及潜力），并说明：

高绩效高潜力员工（明星员工）占比及特征

九个宫格员工的占比和合理性分析

关键岗位的继任者准备度

需关注的风险人群（高潜低效/高效低潜）

团队能力短板

2.结合同行标杆数据，分析以下项目

团队人才健康指数

关键人才流失风险

3.未来6个月该部门人才团队重点发展建议

格式要求：

包括数据分析、关键发现、发展策略等方面

要用业务人员、老板以及HR能看懂的语言，不要用技术型语言

不要用代码和markdown格式，用文本和表格形式呈现

不要遗漏任何员工，要和表格中硬件开发组的员工数量完全一致

3.生成结果

> **AI生成结果4.2.1**
>
> 　　　　　　　星芯科技硬件开发组人才盘点报告（节选）
>
> 2023年半年度
>
> 一、人才九宫格矩阵分析

评估维度：绩效得分（半年度综合得分）前20%为"高"，后20%为"低"，其余为"中"；潜力（胜任力评估百分比得分）同理。

九宫格分布	人数	占比	典型代表	特征分析
高绩效高潜力（明星员工）	4	17%	周敏（PCB007）、王鹏（IC005）、赵凯（IC020）、周涛（IC009）	技术能力强，兼具创新思维与执行力，可承担核心攻关任务
高绩效中潜力（骨干员工）	5	22%	陈婷（PCB005）、李娜（PCB022）、徐辉（PCB003）	业绩稳定但缺乏突破性能力，需针对性培养专业能力
高绩效低潜力（待观察）	2	9%	张伟（RD2101）、吴刚（PCB015）	依赖经验但学习能力不足，需警惕技术迭代风险
中绩效高潜力（高潜新星）	3	13%	赵敏（PCB017）、陈昊（IC008）	潜力突出但经验不足，建议加速轮岗或参与重点项目
中绩效中潜力（普通员工）	6	26%	陈浩（PCB011）、王磊（PCB018）	需加强目标管理与技能培训
中绩效低潜力（稳定型）	2	9%	李明（RD2102）、张强（PCB012）	适合执行标准化任务
低绩效高潜力（风险人群）	1	4%	张三（IC233）	警惕业务连续性风险
低绩效中潜力（改进区）	0	0%	无	—
低绩效低潜力（淘汰区）	0	0%	无	—

合理性分析：

- 明星员工占比17%，略低于行业标杆（20%～25%），技术攻坚能力储备不足
- 高潜新星占比13%，显示梯队建设初具成效，但需警惕"高潜低效"风险
- 低绩效人群占比4%，优于行业平均水平（8%～10%）

4.再次投喂训练资料

> **AI训练资料4.2.5**

硬件研发小组价值观评估数据统计表（节选）

姓名	工号	工作积极性与投入度（40%权重）	上级评价（具体事例）	价值观符合性（30%权重）	上级评价（具体事例）	战略价值观匹配度（30%权重）	上级评价（具体事例）	综合得分	评价等级
评估对象：硬件研发组　评估周期：近1年的行为									
张强	HW001	9	在FPGA模块调试缺人时，主动加班承接核心电路设计工作，提前2天完成关键节点任务	8	跨部门联调中主动变更硬件设计，协调软件团队优化接口设计，避免3次返工风险	9	主导建立硬件设计标准化文档模板，推动部门知识复用率提升40%，符合长期战略	8.6	优秀
李明	HW002	7	主动参与测试部自动化工具优化讨论，提出3项硬件接口适配建议，提升跨团队协作效率	7	对上级安排的新人带教任务积极响应，每月至少做2次技术分享，帮助2名新人快速上手	8	持续研究行业前沿的低功耗设计方案，与公司EdgeX芯片功耗优化目标高度一致	7.3	良好

（续表）

王磊	HW003	8	在PCB设计人力紧张时主动支援，连续两周加班完成3个模块的布线优化	9	主动开放自己编写的FPGA测试脚本给团队使用，推动部门测试效率提升25%	8	关注客户反馈，主导改进新能源客户芯片的低温启动性能，客户验收通过率提升15%	8.3	优秀
周敏	PCB007	10	独立开发PCB设计脚本工具，将高速信号完整性分析效率提升30%，已在全部门推广使用	9	跨部门协作中主动对齐硬件与软件设计需求，提前发现5处信号时序冲突，保障项目进度	10	持续深耕高密度PCB布局技术，主导的多层板叠层设计方案入选公司核心技术知识库	9.7	优秀

5.输入提示词

◉ AI训练资料4.2.6 提示词

角色：人才盘点专家

任务：结合第一步，在绩效与胜任潜力的二维人才评估分析报告基础上，再结合本步骤中上传的硬件研发小组价值观评估数据统计表，再次生成深度三维人才盘点报告。

报告内容包括：

一、企业痛点诊断

当前问题

与战略关联问题

潜在风险评估

二、绩效角度的员工分析结论

三、胜任潜力角度的分析结论

四、价值观角度的分析结论

五、三维立体矩阵交叉分析结论

六、员工矩阵类型及针对性措施

七、人力资源建议及优化策略

格式：以文本或表格呈现

6.生成结果

AI生成结果4.2.2

星芯科技硬件研发组三维人才盘点深度分析报告

一、企业痛点诊断

1. 当前问题
- 人才结构失衡：黄金三角人才仅占13%（3人），低于行业标杆（20%）
- 价值观离散度高：芯片测试组价值观标准差达18.7（PCB组为9.3）
- 技术传承风险：5名高绩效者存在知识垄断倾向（如刘峰IC003隐藏测试脚本）

2. 战略关联问题
- 跨部门协作赤字：硬件与测试组协作分差达15%，影响EdgeX项目交付
- 长期主义短板：仅30%员工参与战略技术研究（目标值≥50%）
- 创新转化率低：76%技术专利由3名明星员工创造

3. 潜在风险评估

风险类型	概率	影响程度	典型案例
关键技术断代	高	灾难级	王鹏IC005无合格继任者
价值观冲突离职	中	严重	周敏PCB007被竞争对手挖走
项目延期违约	中	严重	郑凯PCB009导致3次延误

二、绩效角度分析

高绩效群体（≥87分）特征：

- 占比26%（6人），集中在PCB设计岗（周敏等4人）
- 技术攻坚能力强：平均每月解决5.3个技术难点
- 存在两极分化：2人价值观得分低于70分（张强HW001/赵凯IC020）

低绩效预警（≤69分）：

- 占比13%（3人），均为价值观低分组（郑凯PCB009等）
- 共造成6次项目延期，直接损失预估超200万元

三、胜任潜力分析

高潜力人才（前25%）：

- 测试岗5人，占比60%（王鹏IC005等）
- 学习敏捷性突出：掌握新技术速度比均值快40%
- 价值观匹配度不足：3人得分＜75分（李明HW002等）

潜力瓶颈群体：

- 9人存在"经验依赖症"，如张强PCB012拒绝使用新EDA工具

四、价值观维度洞察

价值观优势项：

- 工作积极性：PCB组平均9.2分（行业前10%）
- 知识共享：周敏PCB007推动效率提升40%

价值观短板项：

缺陷指标	影响范围	典型案例
跨部门协作	7人（30%）	刘峰IC003拒接指导新人
长期战略意识	9人（39%）	李明HW002未参与技术规划
知识垄断倾向	5人（22%）	郑凯PCB009隐藏设计文件

五、三维立体矩阵分析

分类标准	人数	管理策略	典型案例
黄金三角人才	3	纳入CXO继任计划	周敏PCB007、王鹏IC005
高绩效-高潜-低价值观	2	限制接触核心知识产权	张强HW001、赵凯IC020
高价值观-中绩效-中潜	5	轮岗培养计划	徐辉PCB003、陈婷PCB005
三重风险人群	2	启动绩效改进流程	郑凯PCB009、刘峰IC003

六、人力资源优化策略

1. 人才保留计划
- 设立"三高人才俱乐部":提供专属研发基金(年度50万元/人)
- 实施"金手铐计划":给核心人才授予限制性股票(服务期≥3年)

2. 能力-价值观融合培养
- 开发"技术领导者文化必修课":每月8课时,强制经理层参与
- 建立"价值观积分银行":跨部门协作可兑换培训资源

3. 风险管控体系

风险类型	管控措施	监控指标
知识垄断	强制技术文档上传率≥95%	对周核查未达标者扣发奖金
战略脱节	全员认证考试	如果通过率<80%,启动再培训
协作障碍	跨部门项目组强制混编	季度水平提升10%

数据覆盖:23名硬件研发人员,用三维数据进行穿透分析,行业基准参照 Gartner 2023技术团队成熟度报告。

本节配套资料下载

第3节 会议室里的战略共识——让人才策略变成企业发展的秘密武器

张静将手中的激光笔轻轻一点,投影幕布上浮现出"星芯科技人才发展策略与战略共生计划"的标题。会议室里,CEO坐在正中央,研发总监李工、销售总监周明、财务总

监陈姐等核心管理者围坐一圈，空气中弥漫着咖啡的香气，却盖不住几分凝重。

"上周，我们在新能源汽车客户招标中失利。"张静的声音平静却带着力度，投影切换成招标现场的谈话记录——客户技术总监的质问格外刺耳："贵司销售员连'低温环境下芯片功耗曲线'都解释不清，让我们如何相信量产可靠性？"她转向销售总监周明："这不是销售能力问题，是我们的人才结构与战略需求出现了断层。"

张静点击鼠标，DeepSeek生成的人才画像矩阵占据整个屏幕：硬件开发组53人中，仅12%能同时掌握"FPGA算法"与"行业场景转化"；销售团队中，"技术术语转化能力"达标率不足40%；更严峻的是，核心技术岗80%的经验集中在5位资深专家手中，储备率为0。"如果说EdgeX芯片是我们突破市场的'长矛'，现在这根长矛的矛头正在生锈——因为挥舞它的人，不懂矛头的锻造工艺。"在CEO的默许下，张静开始一一讲解接下来的人才发展策略。

1. 短期破局：打造"闪电突击队"

张静调出PPT，红色箭头直指"技术型销售缺口"："我们需要能扛着技术方案冲锋的'特种兵'，而不是传统销售员。"她展示"销售-研发轮岗作战图"：未来2个月，30名销售员将分批入驻硬件开发组，参与EdgeX模块调试，跟随FAE（现场应用工程师）直击客户现场，最终通过"技术卖点转化认证"——达标者可获得"战略冲锋手"徽章，直接对接重点客户。研发总监李工皱眉提问："研发任务繁重，哪有精力带销售员？"张静早有准备："我们设计了'15分钟技术微课堂'，每天由储备工程师录制3个核心技术点短视频，销售员通过碎片化学习即可掌握。此举可使销售员与客户沟通的效率提升40%，研发带教时间压缩60%，真正实现'两不误'。"

针对"90后"员工高流失率，她特别设计"创新孵化机制"："每年将10%的研发资源开放给员工，允许他们自主提案，就像EdgeX项目中，小王的'自动化测试脚本'就是从创新提案中孵化而来。"张静看向李工："这种'让听见炮火的人设计武器'的机制，正是我们应对技术变革的'战略预备队'。"

2. 中期筑基：构建"能力弹药库"

当投影切换到中期目标（2028年全栈方案交付），张静推出"行业场景实验室"计划："新能源汽车的'抗振动设计'、智慧物流的'低功耗组网'，这些行业痛点将转化为储备人才的实战课题。"她展示了与研发部共同拆解的十大标杆场景："每个场景配备'双导师'——资深专家与行业顾问，让储备人才在实验室就能接触到真实客户的电路板。"财务总监陈姐提出质疑："3年投入50万元，如何确保回报？"张静调出成本对比表："从外部招聘一名跨领域架构师,年薪80万元,且磨合期长达6个月;而实验室培养的储备人才,年均成本仅25万元,且自带'基因'。"她特别指出:"李工团队正在撰写的《FPGA算法避坑指南》,已成为行业内的'硬通货',未来可直接转化为解决方案竞争力。"

3.长期固本:培育"人才生态林"

谈到长期目标(2030年行业生态构建),张静换上柔和的语气:"我们不仅要培养人才,更要打造人才向往的'技术圣地'。"她展示"技术认证体系"蓝图——从初级"芯片调试员"到最高级"全栈架构师",每个认证都关联真实项目经验:"获得'工业物联网解决方案专家'认证的工程师,可独立带队承接客户项目,名字将印在公司白皮书封面上。"

讲完三个阶段的人才发展策略,领导们沉默不语,过了一会儿,销售总监周明提出:"我们现在的跨部门协作流于形式,难道这不是最应该先解决的吗?"张静播放了一段手机录制的视频:硬件组小王在客户现场用电路板草图讲解"信号完整性设计",当场促成订单——这正是"战略翻译官"计划的首批成果。"我们在协作流程中嵌入'技术沟通清单',试点团队的客户技术问题闭环率提升55%,协作投诉量下降70%。"

财务总监陈姐则紧盯着预算表,张静说:"在接下来的7万元年预算中,60%用于短期攻坚(如'冲锋手认证'培训),30%投入中期实验室(设备共享、导师津贴),10%用于培育长期生态(认证体系开发)。"她特别强调:"所有培训均嵌入真实项目,比如'低温启动优化'课题,直接服务于EdgeX量产,实现'培训即实战,实战即产出'。"

此时CEO终于开口:"张静的方案让我看到三个'对齐':短期目标与市场冲锋对齐,中期能力与全栈战略对齐,长期生态与产业布局对齐。"他转向研发总监:"李工,你觉得储备人才小赵现在能独立进行核心模块设计吗?"李工点头:"跟着我做了3个实战课题,上周独立修复了功耗问题,连客户都点赞。"

这一场会议从硝烟弥漫开始,在平静祥和和热烈讨论中结束。

回到办公室,张静看着电脑上DeepSeek训练出来的《人才发展策略分析》,嘴角扬起微笑。张静早就是资深HR,在掌握了HR解析思路的情况下,再通过专业提示词,想要让AI辅助完成一份人才发展策略简直就是小事一件。这次DeepSeek提供的框架让她节省了60%的时间,张静在AI生成文件的基础上继续修改,就得到了一份完美的《基于公司战略的人才发展策略分析报告》,这将大大提升自己在CEO及各部门领导前的话语权。

张静在部门内培训时强调:"AI时代下,人机协作的真正逻辑是:AI用大数据模型帮助使用者拓宽视野并完善思路,HR用经验和对行业、公司的认知校准方向与细节。那些在方案中被调整的细节不是对AI的否定,而是对'工具+经验'最佳组合的探寻。面对AI,我们要做两件事:第一,毫无保留地拥抱它的高效与理性;第二,寸步不让地坚守对行业的理解,让经验成为方案落地的'校准仪'。"AI不能替代HR,未来的竞争也不是HR与HR的竞争,而是会用AI的HR与不会用AI的HR的竞争。AI将成为HR的重要手段与利器,辅助HR管理者将战略推向更高处。

DeepSeek实操步骤如下。

1.准备训练资料

▶ **AI训练资料4.3.1**

星芯科技公司背景

同本章第1节公司背景资料(AI训练材料4.1.1)。

▶ **AI训练资料4.3.2**

定岗定编表(节选)

部门	岗位类别	定编人数	在编人数	缺编人数	备注
芯片研发中心		80	70	10	知识传承风险高
架构设计组	首席芯片架构师	2	1	1	依赖外部猎头招聘
	高级架构工程师	5	4	1	
硬件开发组	硬件研发经理	3	3	0	
	PCB设计工程师	15	12	3	急需具有高速信号处理经验人员
	芯片测试工程师	10	9	1	
嵌入式软件组	嵌入式开发经理	2	2	0	
	嵌入式软件工程师	35	32	3	"90后"员工占比80%,离职风险集中
	FPGA算法工程师	8	7	1	市场稀缺岗位

2. 输入提示词

> **AI训练资料4.3.3　提示词**

> 角色：你是一名人才发展专家
> 任务：围绕公司背景和定岗定编表，生成《人才发展策略实施重点》
> 要求：
> 1. 完全参照公司的实际情况，不要虚拟数据、岗位
> 2. 要有长、中、短期目标及计划
> 3. 要有与战略相关联的解析
> 4. 要有对应考核数据指标
> 格式：
> 要用业务员、老板以及HR能看懂的语言，不要用技术型语言
> 不要用代码和markdown格式，用文本和表格形式呈现

3. 生成结果

> **AI生成结果4.3.1**

> 星芯科技公司人才发展测评实施重点（节选）
>
> 一、战略关联解析
> 　公司核心战略：
> 　1. 短期（1~2年）：推出"EdgeX"芯片，抢占工业边缘计算市场份额
> 　2. 长期：构建"端-边-云"全栈解决方案
> 　人才策略支撑点：
> 　1. 技术攻坚：解决芯片研发团队知识传承风险（当前知识集中度达70%）
> 　2. 市场突破：填补销售复合型人才缺口（现缺编6人）
> 　3. 组织稳定：降低"90后"技术骨干流失风险
> 二、实施路径

阶段	核心目标	关键举措	考核指标
短期 （1年）	保障芯片量产 实现市场突破	紧急填补10名芯片研发缺编员工 销售团队全部完成"芯片+IIoT"认证 实施"90后"技术骨干"导师制"计划	关键研发岗位填补率≥90% 销售部人均客户拜访量提升20% 嵌入式组离职率≤15%
中期 （2～3年）	构建技术传承体系	建立首席架构师带教机制（每季度输出技术白皮书） 新能源行业专家定向培养（联合头部客户） 实施交付组"区域轮岗+远程支持"模式	核心知识文档转化率≥80% 行业解决方案复用率提升40% 实施组离职率≤18%
长期 （4～5年）	形成技术与市场双壁垒	建成芯片专利池（目标：年增5项核心专利） 培养属地化"技术型销售员"（覆盖80%区域） 数字化知识管理系统全覆盖	芯片自主化率≥60% 客户需求响应速度提升50% 新人培养周期缩短至1个月

本节配套资料下载

第4节 基于绩效改进的人才培训计划

第2季度绩效复盘会后，张静盯着市场销售部的业绩，深叹一口气。HR能做些什么呢？张静能想到的就是基于绩效改进的人才培训计划。只有基于组织层面的绩效改进才能真正让组织绩效螺旋形上升。

首先要确保组织层的绩效改进和公司战略对齐，这才能让培训成为战略的延伸，而不是空有其表，走走形式主义。张静调出公司年度战略地图，她知道EdgeX芯片市占率提升、汽车行业突破、跨部门协作效率优化，这些战略目标一定要对应到组织细化能力，同时还要体现在员工层面。

要想编制基于战略绩效改进的培训方案，首要任务是找到组织的能力缺失矩阵，对症下药。

于是张静再次借助DeepSeek的帮助，完成这一步。

1.准备训练用资料

AI训练资料4.4.1

星芯科技公司背景

同本章第1节公司背景资料（AI训练材料4.1.1）。

AI训练资料4.4.2

市场销售部第2季度KPI完成情况统计表（节选）

员工编号	岗位层级	岗位	KPI（按岗位统一）	目标值	实际完成值	完成率
S001	总监级	西南区域－大客户总监	1.区域 EdgeX 芯片销售额	10 000万元	12 000万元	120%
			2.核心客户复购率	85%	88%	104%
			3.新客户开发总数	15家	18家	120%
S009	总监级	华北区域－区域总监	1.区域新客户开发总数	15家	12家	80%
			2.核心客户复购率	85%	82%	96%
			3.解决方案签约额	8000万元	7500万元	94%
S018	总监级	华南区域－区域总监	1.核心客户复购率	85%	82%	96%
			2.区域解决方案签约额	10 000万元	11 000万元	110%
			3.客户满意度	95分	93分	98%
---------------- 经理级（行业/区域管理）----------------
S002	经理级	西南区域－区域经理	1.EdgeX 芯片区域销售额	8000万元	9200万元	115%
			2.中小客户覆盖率	40%	35%	88%
			3.跨部门协作效率（响应及时率）	90%	85%	94%

（续表）

员工编号	岗位层级	岗位	KPI（按岗位统一）	目标值	实际完成值	完成率
S003	经理级	西南－物流行业经理	1.物流行业解决方案签约额	3000万元	3500万元	117%
			2.行业标杆客户渗透率	25%	30%	120%
			3.创新贡献（专利/方法论）	1项	2项	200%

2.输入提示词

> **AI训练资料4.4.3 提示词**

角色：人才发展专家

任务：根据上传的公司背景和市场销售部第2季度绩效统计数据编制一个《能力缺口矩阵表》

要求：

1.依据公司的实际情况和部门绩效实际数据，不要虚拟数据、岗位

2.生成的分析表格横栏顺序为：绩效差距分析、能力缺口分析、业务影响、优先级

格式：

要用业务员、老板以及HR能看懂的语言，不要用技术型语言

不要用代码和markdown格式，用文本和表格形式呈现

3.生成结果

> **AI生成结果4.4.1**

星芯科技市场销售部能力缺口矩阵表

绩效差距分析	能力缺口分析	业务影响	优先级
华北区域新客户开发完成率80%（总监S009） 典型反馈：客户触达频次不足	客户分级管理与精准触达策略缺失	影响区域市场份额增长	高

（续表）

绩效差距分析	能力缺口分析	业务影响	优先级
西南、华北销售专员技术讲解偏差（S004/S008/S023） 典型反馈：技术术语解读存在专业偏差	将IIoT技术转化为客户语言的能力不足	降低客户信任度与成交转化率	高
汽车行业渗透率未达标（华北83%，华南107%） 典型反馈：竞品分析停留在参数对比（S010）	行业场景化需求挖掘能力差	制约核心行业市场突破	中
跨部门协作评分低于平均水平（华北S012/S013） 典型反馈：资源独占导致协作受阻	客户资源共享机制与协作意识欠缺	延长项目交付周期15%~20%	中
行业白皮书达标率低（S015） 典型反馈：市场趋势分析能力薄弱	行业洞察与前瞻性研究能力不足	削弱解决方案竞争力	低
创新提案采纳率0%（S017） 典型反馈：缺乏流程优化意识	业务创新与流程改进能力缺失	导致同质化竞争加剧	低

关键发现：

1. 核心能力断层集中在技术转化能力（3人出现同类问题）和行业深耕能力（汽车、物流行业表现两极分化）
2. 高优先级缺口直接影响当前营收增长（客户触达、技术转化），中低优先级缺口威胁中长期竞争力
3. 华南区域团队在行业专精能力（S019/S020）和资源整合能力（S024）方面形成比较优势，具备内部经验复用的可能

张静认真分析了这一结果，发现与公司的实际情况较为符合。但依然要得到业务部门的认可才能输出专业的基于绩效改进的培训计划。于是在周一的例会上，张静将优化后的销售部门能力矩阵差距分析表展示在大屏幕上。

销售总监问为什么一定要分析这个能力矩阵？张静滑动投影仪，切换到公司战略地图："如果把公司比作一台精密仪器，每个部门都是其中的齿轮——销售部的'客户分级管理'缺失，就像齿轮缺了齿，会导致研发、产品等整个传动系统效率下降。"她指向华北区新客户开发受阻的案例："上周正是因为销售员没明白客户的低温启动需求，研发部不得不临时调整芯片设计，浪费了15%的研发工时。"

研发总监王工若有所思："所以分析能力缺口不只是HR的事，更是帮我们找准协作中的卡点？"张静点头："没错。当我们发现销售员的'技术转化能力'弱，就能同步优化研发人员的'客户需求显性化'培训——比如教工程师用'手机续航'类比芯片功耗，让技术方案更易被销售人员理解。"只有业务领导和HR共同把每个部门基于绩效数据分析的能力缺失矩阵确认了，再围绕公司战略，才能更好地分析，得到《基于组织绩效改进的培训方案》。她展开一张对比图："现在我们做能力矩阵分析，就是要让每个部门的能力缺口都对准公司级战略目标。比如市场部的'行业趋势洞察'不足，会直接影响销售员的解决方案竞争力，进而导致研发人员的技术方向偏差。"

销售总监缓缓点头，说："确实，每一年都花不少钱培训，但也没看到有什么效果。你的意思就是我们必须要先搞清楚，在对齐战略的情况下，每个部门每个岗位员工到底有哪些能力缺失，再做培训才能有效果，是不是这意思？"张静抓住机会："没错，比如研发部的'FPGA算法能力'很强，但如果销售员不懂如何转化为客户价值，技术优势就卡在'最后一公里'。"

她总结道："组织层的绩效改进和各部门的绩效改进能让各部门的能力螺旋提升，也能让组织层实现螺旋上升——这就是能力矩阵分析的终极目的。"

大家讨论激烈，每个部门逐步达成共识。财务部陈姐主动询问"财务部门需要分析哪些能力"时，张静知道，共识已经从市场销售部扩展到整个组织。她调出初步完成的研发部能力矩阵草稿："比如研发部的'技术术语显性化能力'就与销售部的'技术转化能力'直接相关——这正是跨部门协作的能力接点。"

散会后，张静坐到自己的办公桌前，开始思考接下来的绩效改进方案。这也是HR从业务经营层面推动变革的关键战役，张静知道，DeepSeek对自己的帮助真的太大了。有了它的帮助，HR能够从战略层思考一切人力资源策略，也能发现行动的方向。

下面是用AI辅助完成绩效改进方案的实操步骤。

1.输入提示词

● AI训练资料4.4.4　提示词

> 延续上述对话，在这个基础上编制市场销售部绩效改进培训计划（半年行动计划）
> 要求：
> 要有对应的责任人、关键节点、考核项、考核方式、考核人等
> 格式：
> 要用业务员、老板以及HR能看懂的语言，不要用技术型语言
> 不要用代码和markdown格式，用文本和表格形式呈现

2. 生成结果

AI生成结果4.4.2

星芯科技市场销售部绩效改进半年行动计划

培训项目	责任人/执行部门	关键时间节点	考核项及方式	考核人
精英客户触达特训营（解决华北新客户开发问题）	销售副总裁 华北区域总监	第1-2月 第5月复盘	1.制定重点客户分级清单（完成度100%） 2.客户触达成功率提升至75%（与CRM数据对比）	总经理 HRBP
IIoT技术场景化表达工作坊（提升技术转化能力）	产品总监 技术专家团队	第2-3月 每月1次	1.客户沟通录音评分≥85分 2.方案讲解误差率降至5%以内（质量部抽查）	客户总监 质量经理
汽车行业需求深钻计划（提高行业渗透率）	行业研究院 华南汽车组	第3-4月	1.输出3个场景化需求挖掘模型 2.华北组客户需求匹配度提升20%（商机转化率监测）	CMO[①] 销售运营总监
跨部门资源协作沙盘（打破协作壁垒）	运营总监 HRBP团队	第2月 第4月升级推演	1.协作响应率达到90% 2.建立共享客户资源池（数量≥50家）	COO[②] 财务总监
行业趋势洞察专项（提升白皮书输出质量）	市场情报部 外部顾问	第5-6月	1.完成2篇获专家评审通过的行业报告 2.市场预判准确率≥80%（季度验证）	战略总监 CEO办公室
创新思维实战赛（激发流程优化能力）	创新实验室	第6月	1.产生5个可落地改进方案 2.至少1项实施见效（效率提升幅度≥15%）	总经理 研发总监

执行保障机制

1. 双周进度跟进：HRBP与各责任人每月两次协调进度
2. 资源匹配：将年度培训预算的40%作为专项资金，引入2家外部合作机构
3. 结果应用：将培训考核结果纳入第3季度绩效考核权重（占比20%）

风险预警

- 关键技术专家参与度不足时，启用"导师积分制"（用积分兑换调休额度）

---

① CMO：首席市场官。
② COO：首席运营官。

- 在业务旺季（第3/6月）优先安排在线学习，减少线下集训频次

本节配套资料下载

第 5 章

AI赋能下的组织变革与战略解码

第1节　破局之路：智创未来的架构革新之旅

资深HR周洁最近碰到了一些难题。她在智创未来科技有限公司已经工作七八年了，见证了公司从起步到逐步壮大的全过程。这家公司成立于2018年，如今已有500多名员工，主要从事新能源智能充电桩核心配件的生产和销售，还为商业综合体提供充电设施建设与运营方案。

可最近，公司遭遇重大卡点，陷入发展瓶颈。现在遇到的问题主要集中在以下几点。

（1）在市场和销售方面，公司作为新品牌，面临老品牌的激烈竞争，很难与大型企业合作，潜在消费者类客户转化也不顺利，现有的营销策略缺乏有效性。

（2）产品研发时遇到技术瓶颈，研发进度严重受阻。

（3）生产数据采集系统出现系统兼容性和数据准确性问题，精益生产理念难以落地，供应商也存在生产、质量和价格风险。

（4）客户服务团队专业能力不足，个性化售后服务方案实施困难，对客户反馈不能及时处理。

CEO每天愁眉苦脸，整天带着一众管理人员开会探讨解决方案。身为工作近20年的HR，周洁深感自己责任重大，也想从人力资源角度解决这些问题。她意识到，公司当前的问题不仅仅是表面上业务层面的困难，更与公司的组织架构和流程紧密相关。经过深入思考，周洁认为公司现有的架构已无法适应企业快速发展的需求，从架构到流程都存在诸多弊端。尽管周洁凭借多年的工作经验察觉到了这些问题，但受限于专业知识，她只能看到一些表面现象，无法深入探究问题的本质，更难以提出切实可行的架构优化方案。

为此，CEO与周洁单独进行了三次深入讨论，推翻了许多初步设想的方案。每一次讨论，周洁都能感受到CEO对解决问题的急切期待，这也让她压力倍增。前两次讨论，他们从增加招聘、优化培训这些常规的人力资源策略出发，希望能改善现状。第一次，周洁提出加大招聘力度，尤其是针对市场部和研发部，招聘经验丰富的专业人才。CEO虽认可这种做法，但担心新员工与现有团队出现融合问题，还担心招聘周期过长会错过市场机遇，这个方案最终被搁置。第二次，周洁建议强化内部培训体系，提升员工技能和业务水平。可在深入探讨培训内容、方式以及时间安排时，发现公司目前的工作节奏紧凑，员工很难抽出大量时间参加培训,而且培训效果也难以保证,这个方案也未能通过。

周洁意识到,传统的方法似乎并不能从根本上解决公司的问题。她陷入了困境,不知道该如何突破。就在这时,周洁想到了DeepSeek。她想,或许可以借助DeepSeek深入了解公司架构和流程中存在的深层次问题。

具体实操步骤如下。

1.准备AI训练用的资料

> **AI训练资料5.1.1**

智创未来科技有限公司背景资料(节选)

一、基础信息

成立时间:2018年

所属行业:科技研发+生产型企业

发展阶段:快速发展阶段

员工总人数:500人

二、业务领域

核心业务:新能源智能充电桩的核心配件生产和销售

产品应用场景:为新能源汽车企业、新能源充电桩厂商提供配件,为商业综合体提供充电设施建设与运营方案

三、研发情况

研发投入:每年将15%的营收投入研发

技术成果:已获得15项技术专利,产品通过多项国家及行业认证

AI训练资料5.1.2

岗位说明书统计表（节选）

所属部门	岗位名称	岗位职责	任职资格要求	关键技能
总经办	总经理	1.依据行业趋势、市场动态和公司实际情况，制订5~10年长期发展战略与年度经营计划，明确业务重点、目标及实施路径。 2.对重大投资、业务拓展等关键事项进行决策，评估风险与收益。 3.统筹公司人力、物力、财力资源，协调部门工作，优化资源配置。 4.代表公司与外部机构沟通交流，维护良好关系，提升公司影响力。 5.定期评估战略执行情况，根据变化调整战略与经营计划	1.本科及以上学历，企业管理、工商管理等相关专业优先。 2.10年以上企业管理经验，5年以上同行业高层管理经验。 3.具备丰富的行业知识和市场洞察力	1.战略规划与决策能力，能精准把握市场方向，制定合理战略。 2.卓越的资源整合与团队管理能力，高效调配资源，激励团队。 3.出色的沟通谈判技巧，与外部机构建立良好合作关系
总经办	战略规划总监	1.深入研究行业趋势、市场动态，为公司战略制订提供数据支持和决策依据。 2.协助总经理制订公司5~10年长期发展战略和年度经营计划。 3.跟踪战略执行情况，定期进行评估和分析，提出调整建议。 4.关注宏观经济政策和行业法规变化，分析对公司业务的影响	1.硕士及以上学历，经济学、管理学等相关专业。 2.8年以上战略规划或市场研究经验，3年以上同行业经验。 3.熟悉行业研究方法和数据分析工具	1.熟练运用数据分析工具，如SPSS、Python等。 2.具备出色的战略规划和报告撰写能力，能撰写高质量的战略规划报告。 3.良好的沟通协调能力，与各部门协同推进战略实施
总经办	战略分析专员	1.收集、整理行业数据、市场信息和竞争对手情报。 2.运用数据分析工具对收集的数据进行深入分析，挖掘潜在机会和风险。 3.协助战略规划总监撰写战略分析报告，为公司战略决策提供支持。 4.跟踪公司战略执行情况，收集相关数据，进行阶段性评估	1.本科及以上学历，统计学、经济学等相关专业。 2.2~5年市场分析或数据分析工作经验。 3.熟练掌握Excel、SQL等数据分析工具	1.熟练运用数据分析工具进行数据清洗、分析和可视化展示。 2.具备敏锐的数据洞察力，能从数据中发现关键信息。 3.良好的报告撰写和沟通能力，清晰传达分析结果

2.输入提示词

> **AI训练资料5.1.3　提示词**

角色：你是一名组织管理专家

任务：根据上传的公司背景资料和岗位说明书提出更符合公司现状的架构分析报告

要求：

1. 在进行分析时要对应企业目标和业务痛点
2. 包括调整建议和原因分析，以及未调整可能造成的影响
3. 指出需要调整（增加、减少）的部门或小组，或指出不同部门要增加或减少的职责及岗位
4. 根据中小企业的现状，不要大幅度增加岗位，因为预算不允许
5. 要用业务员、老板以及HR能看懂的语言，不要用技术型语言
6. 不要出现虚拟数据

格式：

不要用代码、markdown及text格式，用文本和表格形式呈现

3.生成结果

> **AI生成结果5.1.1**

智创未来科技有限公司组织架构优化建议

一、现存架构与战略目标的关键矛盾分析

业务痛点	架构缺陷	与战略目标关联
大客户谈判成功率不足	销售部仅设1个大客户组，缺乏行业细分和方案定制能力	直接影响"新增10家大型企业客户"和"服务类业务占比15%"目标
技术研发进度滞后	硬件研发部未设置技术预研岗位，研发资源过度集中在现有产品	威胁"5个利润型产品第3季度量产"和"性能提升20%"目标
生产智能化升级受阻	生产部缺乏系统实施团队，过度依赖外部供应商	导致"产能提升30%"和"良品率98%"目标存在风险

(续表)

业务痛点	架构缺陷	战略目标关联
客户服务质量不稳定	客服部未设专职服务质量管理岗位，问题溯源和流程优化能力缺失	影响"客户满意度90%"和"NPS[①]45分"关键指标

二、精准优化方案与实施路径

1. 销售体系强化（成本控制：年增15万元）

□ 现状：大客户组（3人）负责新能源汽车、充电桩、商业综合体三大领域

■ 问题：方案同质化严重

◆ 调整：

-将大客户组升级为独立部门，下设：

• 新能源汽车客户组（2人）：专注车企技术对接

• 商业综合体客户组（2人）：侧重运营方案设计

-保留渠道销售组，服务中小客户

□ 优势：提升方案专业度，缩短大客户签约周期20～30天

2. 技术预研机制建设（成本控制：年增24万元）

□ 现状：硬件研发部全员投入产品迭代开发

■ 问题：无专人跟踪充电模块散热技术等前沿领域

◆ 调整：

-在硬件研发部增设"技术预研工程师"（2人）

• 核心职责：提前6个月研究高功率快充、智能温控等关键技术

• 考核标准：每季度输出1份可落地技术方案

□ 优势：缩短新技术应用周期，预计减少技术卡点发生频率40%

3. 生产智能化专项推进（成本控制：年增18万元）

□ 现状：生产数据采集系统由IT专员兼管

■ 问题：系统故障平均处理时长超过72小时

◆ 调整：

-在生产部组建"智能制造实施组"（3人）

• 成员构成：1名系统工程师（新增）+2名产线骨干（内部转岗）

• 核心任务：数据校准（每日）、员工培训（月度）、流程优化（季度）

---

① NPS：净推荐值。衡量客户忠诚度和推荐意愿的指标。

□优势：预计3个月内将系统数据准确率提升至95%

4. 服务质量闭环管理（成本控制：年增9.6万元）

□现状：处理客服问题时依赖个人经验

■问题：同类问题重复发生率达35%

◆调整：

　-在客户服务部增设"服务质量管理岗"（1人）

　• 建立"问题分类-根因分析-流程优化"闭环机制

　• 推行"服务案例库"每月更新制度

□优势：预计6个月内降低重复问题发生率至15%以下

三、成本效益分析与实施节奏

优化模块	年新增成本	成本占比	关键产出时效	风险控制措施
大客户部建设	15万元	0.06%	90天内完成行业客户细分	优先从现有销售团队选拔2人，仅新增1人
技术预研岗	24万元	0.096%	120天内输出首个技术方案	首年设定3个月试用期，考核技术转化率
智能制造组	18万元	0.072%	60天实现系统数据可视化	采取"老带新"模式，保障产线经验传承
服务质量管理	9.6万元	0.038%	30天建立问题分类标准	首季度设置跨部门协调专项激励

四、业务影响预测

优化项	3个月预期成效	12个月预期成效
大客户体系	新增2家车企客户	完成10家大型客户签约，贡献2000万元营收
技术预研机制	解决1项充电模块散热技术难题	支撑3款新产品量产，专利数量达标
智能制造实施	系统故障处理时长缩短至24小时	核心配件月产能突破12万件，超目标20%
服务质量管理	建立20个典型服务案例	客户投诉处理满意度提升至92%

> 实施建议
> 1. 采用"先试点后推广"策略：选择新能源汽车客户组和充电模块预研作为首批试点
> 2. 建立跨部门协同机制：每月举行"研发-生产-销售"联席会议，解决技术转化问题
> 3. 设置6个月效果评估节点：重点监控大客户签约率和产能提升实际数据
> 4. 人力资源配套措施：开展"技术员式销售""智能生产操作员"专项培训各3期
>
> 本方案将新增人力成本控制在营收目标的0.27%以内，直接对应解决文件提及的四大核心痛点，建议分两阶段实施（2024年第3季度完成架构调整，2025年第1季度实现全体系运转）。

注：如果感觉有问题，可以再次复查，另外，非满血版、满血版的DeepSeek以及参与过深度训练与未参与过深度训练的DeepSeek输出结果会有一些偏差，可多次反复训练。

本节配套资料下载

周洁拿着方案，陷入了沉思。她知道直接用这个方案是行不通的，每个公司都有其独特的发展历程、业务模式和人员构成，智创未来科技也不例外。在组织架构优化中会遇到一些阻碍：一是员工对变革的抵触情绪，毕竟改变意味着未知，很多员工会担心自己工作的稳定性和职业发展；二是部门利益冲突，架构调整可能会涉及部门职责和权力的重新划分，各部门难免会从自身利益出发，对调整方案提出疑问；三是调整过程中的执行难题，新架构的实施需要各部门紧密配合，一旦某个环节执行不到位，就可能导致整个调整工作受阻。经过深思熟虑，她决定分几步来推进组织架构调整工作。

1.完善方案内容，与CEO进行单独沟通

周洁结合公司实际情况完善DeepSeek生成的方案，与CEO进行一对一沟通。她以市

场拓展困难、研发滞后等问题为切入点，用数据和案例说明调整的紧迫性，针对部门沟通不畅、职责模糊等问题，提出重新划分职责、优化流程等建议。面对CEO对员工情绪和新架构效果的担忧，周洁凭借充分准备给出应对之策，最终获得CEO认可，并同意在一定范围内进行试点。

2.与业务部门开组织架构调整沟通讨论会

方案得到CEO肯定后，周洁深知业务部门的支持对调整成功至关重要。她迅速与业务部门进行沟通。沟通会上，她表明组织架构调整的目的是突破公司发展瓶颈。在听取调整方案后，业务部门提出诸多顾虑，市场部门担心影响业绩，生产部门担忧生产进度受影响。周洁耐心回应，并在会后与业务部门深入分析业务环节，根据反馈优化方案，赋予市场部门一定自主决策权。

3.开展员工意见调研和宣贯工作

周洁通过线上问卷和线下访谈收集员工意见，发现员工担心工作稳定性、职业发展和同事关系。为此，她召开员工大会，介绍相关内容并承诺保障员工利益，还设立咨询渠道，解答疑问。

4.进行小范围试点并持续优化

在完成前期准备工作后，周洁选取市场、生产、客户服务部分团队开展小范围试点。试点中发现销售小组跨部门沟通有误解、生产效率初期下降、客户服务团队协调不畅等问题。她立即组织相关人员深入分析，针对性地制定沟通规范，提供生产培训，建立协调机制，促使试点工作逐步走上正轨。

5.全面推行调整方案并持续跟踪评估

经过试点和优化，周洁认为全面推行的时机已成熟。在推行过程中，她建立了完善的跟踪评估机制，依据收集的数据及时调整。调整后的第一个月，公司整体工作效率有所提升，但员工满意度略有下降。周洁调查发现，部分部门调整后工作压力增大，员工感到疲惫。她和这些部门负责人协商，合理调整任务，增加团队建设活动，缓解员工压力。

随着时间推移，组织架构调整效果显著。市场、生产、客户服务等部门都取得良好成果。智创未来科技逐渐走出发展困境，周洁的努力也得到了公司上下的认可，充分展现了人力资源工作在公司发展中的关键作用。

第2节　从战略困境到解码破局

在智创未来科技有限公司成功完成组织架构调整后，周洁原以为公司能顺利朝着战略目标前行，可现实却不尽如人意。公司虽制定了涵盖多领域的战略目标，从市场拓展、产品创新，到生产提效、客户服务优化，但在落地过程中困难重重。公司没有对这些战略目标进行有效拆解，各部门对目标的理解仅仅停留在表面，无法将其转化为切实可行的日常工作任务。市场部门不清楚该重点拓展哪些类型的客户，研发部门对新产品研发缺乏明确规划，生产部门在提升产能和降低成本方面毫无头绪，这使得公司在实现战略目标的道路上迷茫徘徊。

周洁敏锐地察觉到，公司急需进行战略解码，将宏大的战略目标细化为具体的行动计划和可衡量指标，明确各部门乃至每个岗位的职责、任务完成时间节点以及所需资源，期望以此解决战略执行中的问题，然而这一过程却充满挑战。

周洁在推进战略解码工作时，遇到了诸多棘手的问题。首先，各部门对公司战略理解差异巨大。研发部门专注技术创新，认为只要做出技术领先的产品，市场自然会认可，对市场需求的响应不够积极；市场部门则深感市场竞争激烈，强调必须快速满足客户多样化需求，否则产品将被市场淘汰，因此对研发部门的节奏颇有微词；生产部门一心只想完成生产任务，成本控制和产品质量持续优化的意识淡薄，觉得这些是其他部门的职责；采购部门在采购原材料时，常常忽略生产实际需求，导致供应延迟或库存积压。这种理解上的偏差，使得各部门在工作中各自为政，难以形成协同效应。

其次，部门间沟通协作存在严重障碍。在跨部门沟通会议上，矛盾冲突不断。市场部门指责研发部门产品更新换代太慢，无法跟上市场变化的步伐；研发部门则反驳市场部门提出的需求不切实际，超出了当前技术的实现能力；生产部门抱怨采购部门采购的原材料质量不稳定，严重影响生产进度和产品质量；而采购部门又觉得生产部门需求不明确，导致采购计划难以精准制订。各部门各执一词，互不相让，沟通效率极其低下，问题难以得到有效解决。

再者，部分部门对战略解码存在抵触情绪。当周洁与各部门商讨年度核心目标和关键节点时，一些部门认为目标过高，脱离实际，完成难度极大。比如生产部门就提出，在现有的设备和人员条件下，既要大幅提高核心配件月产能，又要降低生产成本，几乎是不可能完成的任务，这使得战略解码工作在推进过程中遭遇阻力。

面对这些问题，周洁没有退缩。她深知，统一各部门对公司战略的理解是当务之急。于是，她组织了多场深入的跨部门沟通会议。在会议上，周洁不再只是单纯地传达公司战略目标，而是引导各部门从公司整体利益出发，深入思考自身工作与战略目标的关联。她通过具体的案例分析，让大家明白每个部门的工作都紧密相连，缺一不可。研发部门的创新成果需要市场部门推广才能转化为市场份额，市场部门获取的客户需求信息是研发部门创新的方向指引；生产部门稳定高效的生产是产品供应的保障，采购部门优质的原材料供应则是生产顺利进行的基础。经过多次这样的沟通会议，各部门开始放下成见，尝试理解其他部门的工作。

在明确各部门工作重点和协作关系后，周洁着手制定各部门的年度核心目标和关键节点。这是战略解码能否成功落地的关键一环。这不仅需要精准对接公司整体战略，还要充分考量各部门的实际运作情况，确保目标切实可行、节点清晰明确。但如此细致且庞大的任务，仅靠人工完成效率较低且可能存在疏漏。周洁想到了借助DeepSeek，它强大的数据处理和分析能力或许能在这一关键阶段发挥巨大作用。

具体实操步骤如下。

1.准备训练资料

> **AI训练资料5.2.1**

公司年度目标（节选）

一、一年目标

市场突破

1. 新增核心客户60家（新能源汽车厂商/充电桩企业/商业综合体），其中大型企业客户占比25%
2. 服务类业务营收占比提升至18%（原目标15%）

产品创新

1. 完成5个利润型产品量产，其中高功率充电模块市占率突破10%
2. 新增8项技术专利（含3项发明专利）

生产提效

1. 核心配件月产能达12万件（超原目标20%）
2. 通过智能化改造将生产成本降低18%（原目标15%）

客户服务

1. 客户满意度提升至92%（原目标90%）
2. 重复投诉率降至8%以下（原目标10%）

财务表现

1. 总营收突破2.8亿元（超原目标12%）
2. 经营性现金流净额≥3000万元

组织架构（调整后）（节选）

1. 总经办
2. 职能中心
   （1）法务部
   （2）行政人事部
   （3）财务部
3. 研发中心
   （1）硬件研发部
   （2）软件研发部
   （3）产品创研部
4. 生产中心
   （1）采购部
   （2）生产部
      ①生产管理组
      ②智能制造实施小组
   （3）质量检验部

▌**AI训练资料5.2.2**

智创未来科技有限公司部门职责说明书（节选）

一级部门	二级部门	核心职能
总经办	—	战略规划与决策 制定公司5～10年战略规划及年度经营目标 审批重大投资项目（单笔金额≥500万元）及业务拓展方案 每季度评估战略执行偏差并调整实施路径 资源统筹与协调 调配跨部门资源（人力/资金/技术），保障重点项目实施 主持月度经营分析会，解决部门间协同障碍 高管团队管理 组建核心管理团队，制定高管绩效考核标准 推动组织文化建设，维护公司核心价值观 外部关系建设 对接政府机构、行业协会及战略级客户（年采购额≥1000万元） 主导行业标准制定
职能中心	法务部	合规风控：建立企业法律风险数据库，每季度更新行业法规变动 合同管理：主导重大合同（标的额≥300万元）条款审核与履约监督 知识产权：统筹专利、商标申请策略，年度侵权案件≤3起 纠纷解决：诉讼案件胜诉率≥85%，单案经济损失控制在合同标的5%以内
职能中心	行政人事部	组织效能： 实施组织架构优化，年度人均产值提升幅度≥10% 管理岗位编制，人力成本占营收比例≤18% 人才管理： 关键岗位人才储备率≥80%，高管离职率≤5% 建立"技术+管理"双通道晋升体系 行政保障： 行政费用预算偏差率≤5%，重大活动筹备达标率100% 办公智能化系统覆盖率达90%

2.输入提示词

在本章第1节训练对话下继续输入提示词。

AI训练资料5.2.3 提示词

角色：你是一名组织管理专家

任务：延续前面的对话场景，并根据上传的组织架构、公司年度目标和部门职责说明书等资料，对公司战略目标进行拆解，生成各部门的本年度核心目标，并细化关键时间节点。

要求：
1. 结合各部门职能定位，确保目标拆解具有可落地性和可衡量性
2. 关键节点需覆盖季度/月度里程碑，体现目标推进节奏
3. 分析过程需考虑跨部门协作关系及资源配置
4. 对可能存在的执行风格进行简要评估
5. 不要出现虚拟数据

格式：
不要用代码、markdown及text格式，用文本和表格形式呈现

初次生成结果后，可以再次输入提示词让DeepSeek进行优化。

3.生成结果（复查后结果）

AI生成结果5.2.1

智创未来科技有限公司2024年度部门目标拆解

一、总经办
1. 每季度召开战略校准会议
2. 每半年对高管能力进行评估

二、市场销售中心

部门	核心目标	关键节点	协作关系
市场部	1.6月底前竞品监测系统上线 2.9月完成北上广深行业展会	Q1[①]：建立价格、技术、渠道监测体系 Q3：展会客户转化率≥15%	与销售部协作获取客户画像

[①] Q1表示第1季度，Q2、Q3、Q4分别表示第2至第4季度。

（续表）

部门	核心目标	关键节点	协作关系
销售部	1.每月新增3~4家核心客户（全年40家） 2.大客户行业方案模板于Q2交付	Q2：与2家新能源车企签约（订单金额≥500万元/家） Q4：服务类营收2880万元	研发部提供技术支持

三、研发中心

部门	技术目标	研发里程碑	资源保障
硬件研发部	1.4月解决充电模块散热问题 2.9月前4款新产品完成验证	Q1：预研报告通过 Q2：2款原型机测试成功 Q3：3款进入试产阶段	生产部预留试产线
软件研发部	1.3月系统响应时间≤0.8秒 2.12月通过ISO27001认证	Q2：完成漏洞修复机制 Q4：获得认证文件	财务部拨付认证预算
产品创研部	1.3月完成5款产品需求定义 2.9月主导3次跨部门评审	Q1：市场需求调研报告 Q2：确认原型设计	市场部提供竞品数据

四、生产中心

部门	生产目标	实施节点	风险控制
生产部	1.6月生产数据准确率90% 2.12月紧急订单占比18%	Q1：系统基础部署 Q2：员工培训全覆盖	采购部保障设备供应
质量检验部	1.9月建立SPC[①]体系 2.每月2次飞行检查	Q2：关键工序监控 Q3：质量问题36小时闭环	研发部更新检测标准
采购部	1.6月战略供应商占比25% 2.12月采购成本降8%	Q1：供应商分级完成 Q2：签2家战略协议 Q4：成本达标	质量部参与供应商审核

---

① SPC：统计过程控制。

五、职能支撑层

部门	核心目标	执行节点	协同要求
行政人事部	1.3月完成岗位说明书修订 2.季度人才盘点（留存率≥85%）	Q1: 架构调整落地 Q2-Q4: 每季度末完成盘点	全员配合制度宣贯
财务部	1.每月10日进行现金流预测（误差≤10%） 2.6月建成成本-售价模型	Q1: 预测模板标准化 Q2: 模型通过测试	销售部提供价格数据
法务部	1.更新合同模板库（覆盖率90%） 2.诉讼周期压缩至120天	Q2: 模板上线培训 Q4: 建立快速应诉流程	销售部反馈合同问题

六、客户服务中心

核心目标	关键节点	协同机制
1.6月建立三级投诉处理机制 2.每月更新服务案例库（培训覆盖率100%）	Q1: 制定分级标准 Q2: 完成首轮培训 Q3: 重复投诉率≤10%	销售部共享客户信息
3.年度客户满意度调研100%覆盖，输出3份改进报告	Q4: 发布服务白皮书	市场部设计调研问卷

七、执行保障机制

1. 风险应对

   技术风险：硬件研发部若Q2未解决散热问题，启用备选方案（预留10%研发预算）

   交付风险：生产部Q3前储备15%临时产能（通过两班制实现）

   客户风险：如果销售部连续2月未达标，启动市场部联合攻坚

2. 协同监控

   铁三角小组：研发部、销售部、生产部每周开例会（解决技术转化问题）

   数据共享：每月5日前市场部向产品创研部提供最新竞品分析

3. 校准机制

   每月通过经营分析会核查进度（总经办主持）

   Q2末允许±20%目标浮动调整

> 注：所有目标与节点均源自公司战略目标规划及部门职责说明书，无虚拟数据，2024年3月起执行。

周洁带着 DeepSeek 给出的结果，再次与各个部门的负责人展开了深入沟通。她组织了多轮会议，让各部门负责人充分发表意见。在会上，大家围绕着目标的合理性、达成的可行性以及关键节点的设置是否科学展开了激烈讨论。生产部门提出，在当前设备维护周期和人力配置下，某些生产目标的时间过于紧张；研发部门则认为，根据技术研发的不确定性，部分专利申请目标可根据实际研究进展灵活调整。经过数轮讨论与修改，最终确定了兼顾公司战略需求和各部门实际状况的目标和节点。周洁将这些凝聚着集体智慧的成果正式发布，让公司各部门按照目标执行。在执行过程中，周洁持续关注各部门的进展，建立了定期汇报和沟通机制，及时解决出现的问题。随着各部门有条不紊地推进工作，公司逐渐摆脱了之前战略执行混乱的局面，各部门之间的协作更加顺畅，朝着实现战略目标的方向稳步迈进。

周洁深知，虽然目前取得了一定成绩，但这只是战略解码工作的阶段性成果。未来，她还需要持续关注方案的执行情况，根据市场变化和公司发展不断优化调整。只有这样，智创未来科技有限公司才能在激烈的市场竞争中稳步前行，顺利实现既定的战略目标，开创更加辉煌的未来。

本节配套资料下载

第3节 从人才困境到规划新生：工具赋能下的关键突破

在智创未来科技有限公司坚守了七八年的周洁，此前顺利完成了组织架构优化与战略解码，本以为能为公司发展清扫障碍，可新的难题接踵而至——随着对公司运营的深入了解，她发现人才发展方面的问题正成为公司前行道路上的巨大阻碍。

公司正处于快速发展的关键节点，有着清晰且宏伟的战略蓝图。2024年，总营收突破

2.8亿元，服务类业务营收占比提升至18%。未来两年，计划成为头部新能源车企的一级供应商，建立快充技术实验室，实现全流程数字化生产。要想达成这些目标，人才是关键。

然而，各部门的人才状况不容乐观。研发中心因缺乏电力电子领域顶尖专家，500kW快充技术研发停滞，专利撰写人才不足也限制了成果转化。生产中心智能化转型受阻，半数产线员工不熟悉MES（manufacturing execution system，制造执行系统），智能制造实施小组缺乏复合型人才。市场销售中心缺少高级销售人才和商业综合体方案设计人才，影响业务拓展。客户服务中心客服专业能力差，需求分析师不足，导致客户满意度下降。

面对这些问题，周洁决定着手制定公司年度人才发展规划，可刚一开始，就遇到了诸多问题。资源方面的限制尤为突出，公司在研发、生产等方面投入巨大，使得人才发展的资金预算捉襟见肘。想要为员工提供高质量的外部培训课程，却因费用过高而难以实现；先进人才测评工具的采购计划也因资金不足而搁置。人力资源工作同样紧张，行政人事部日常事务繁多，周洁既要处理招聘、薪酬等工作，又要制定人才发展规划，常常分身乏术。而且，员工们工作任务繁重，很难抽出时间参与培训和人才发展活动。

此外，管理者和员工的意识问题也给周洁的工作带来了很大阻碍。部分管理者过于关注短期业绩，认为人才发展投入大、见效慢，对周洁提出的人才发展规划缺乏热情，不愿投入资源支持。他们更倾向于将精力放在能直接带来收益的业务上，忽视了人才培养对公司长远发展的重要性。员工们对自身职业发展也缺乏积极规划，觉得参加培训不仅会增加工作负担，还不一定能提升职业技能，参与培训的积极性不高，在培训过程中也不够认真。

公司不完善的人才发展体系更让周洁的工作举步维艰。岗位体系不够明确，对各岗位职责和能力的要求模糊，使得周洁难以确定每个岗位员工的具体培训需求和发展方向。人才评估主要依赖主观判断，缺乏科学客观的标准，无法准确了解员工的真实能力和潜力，难以针对性地制定发展规划。培训体系也存在诸多不足，课程设置缺乏系统性，无法满足不同岗位、不同层级员工的需求，且培训效果的评估机制不健全，难以确保培训成果有效转化为员工的工作能力。

周洁明白，尽管面前困难重重，但为了公司的长远发展，这份年度人才发展规划必须付诸实施。她陷入了沉思，到底该如何突破这些困境，找到一条适合公司的人才发展之路呢？或许DeepSeek能提供一些思路。周洁将公司背景、战略目标以及各个部门的目标等资料整理好，打算借助DeepSeek的强大功能辅助生成公司的年度培训规划。具体操作如下。

1. 准备资料

▶ **AI训练资料5.3.1**

智创未来科技有限公司背景资料（节选）

一、基础信息

成立时间：2018年

所属行业：科技研发+生产型企业

发展阶段：快速发展阶段

二、公司规模

员工总数：500多人

三、业务领域

核心业务：新能源智能充电桩的核心配件生产和销售

产品应用场景：为新能源汽车、新能源充电桩厂商提供配件，为商业综合体提供充电设施建设与运营方案

四、研发情况

研发投入：每年将15%的营收投入研发

技术成果：已获得15项技术专利，产品通过多项国家及行业认证

▶ **AI训练资料5.3.2**

智创未来科技有限公司2024年度北极星目标

1. 营收突破

   总营收超过2.8亿元，服务类业务营收占比提升至18%

2. 利润驱动

   生产成本降低18%（通过智能化改造）

   经营性现金流净额≥3000万元

3. 市场攻坚

   高功率充电模块市占率突破10%

   新增60家核心客户（含15家大型新能源汽车/充电桩企业）

4. 产能保障

   核心配件月产能达12万件（产能利用率≥85%）

AI训练资料5.3.3

同本章第2节AI训练资料5.2.1。

AI训练资料5.3.4

智创未来科技有限公司2024年度部门目标看板（节选）

部门	目标	策略	里程碑	衡量指标
研发中心	目标1：突破500kW快充技术	①引进3名电力电子专家 ②与中科院共建联合实验室	Q3:完成样机测试 Q4:通过车企认证	充电功率≥500kW 签约合作车企数≥2家
研发中心	目标2：新增8项技术专利（含3项发明专利）	①成立专利撰写攻坚组 ②建立专利预审机制	Q2:完成专利申请 Q4:获得3项发明专利授权	专利总数达23项 发明专利占比≥35%
生产中心	目标1：月产能达12万件	①优化生产排程系统 ②新增2条智能产线	Q2:产能突破10万件 Q4:实现12万件目标	产能达标率≥85% 设备统合效率≥90%
生产中心	目标2：生产成本降低18%	①MES系统升级 ②数字孪生生产线改造	Q3:设备联网率100% Q4:生产成本达标	数据采集准确率≥98% 单位能耗下降25%
市场销售中心	目标：新增60家核心客户（含15家大型企业）	①头部车企攻坚计划 ②渠道返利政策	Q2:签约15家 Q4:完成60家目标	大客户转化率≥25% 方案响应时间≤24h

2.输入提示词

> **AI训练资料5.3.5　提示词**

角色：你是一名人力资源培训专家

任务：根据上传的公司背景资料、北极星目标、年度目标看板等资料，基于公司目标，在年度培训预算金额不超过25万元（高层培训预算10万元、中层培训预算8万元、基层培训预算7万元）的前提下，分别生成高层、中层、基层员工年度培训规划。

要求：

1. 结合企业现有资源和发展阶段，制定符合实际情况的年度培训规划，确保方案能满足管理层汇报、业务执行及HR统筹的不同需求，具有针对性

2. 方案要包含需求与现状分析、培训预算、培训形式、培训管理及激励、培训效果监控、风险防控等核心模块

3. 高层及中层培训规划：根据战略目标确定培训目标及考核标准

4. 基层培训规划：业务目标及部门核心目标按岗位进行划分

5. 要用业务人员、老板以及HR能看懂的语言，不要用技术型语言

格式：

1. 采用分模块文档形式，使用清晰的标题层级（如一、二、三），用表格进行对比（如培训课程表、预算分配表）

2. 对重点结论加粗显示

3. 不要用代码、markdown及text格式，用文本和表格形式呈现

3.生成结果

> **AI生成结果5.3.1**

智创未来科技有限公司2024年度分层培训规划

一、需求与现状分析

高层：战略解码能力不足，跨部门资源整合效率低

中层：技术转化效率低（研发部门）、智能化生产落地难（生产部门）、大客

户攻坚能力弱（销售部门）

基层：MES系统操作不熟练（生产部门）、方案设计能力欠缺（销售部门）、故障诊断能力不足（客服部门）

战略关联：培训需支撑500kW快充技术突破、智能化生产改造、60家核心客户获取三大攻坚任务

二、预算分配总览

层级	预算额度/元	占比
高层管理者	10万	40%
中层管理者	8万	32%
基层员工	7万	28%

三、高层管理者培训规划（10万元）

培训目标：

确保高层管理者全部掌握战略解码工具，关键项目资源协调效率提升30%

核心课程表：

课程模块	培训形式	课时	预算/元	考核标准
战略解码与目标拆解	华为高管工作坊	2天	3.5万	输出2025年技术路线图
跨部门资源整合	沙盘模拟	1天	2万	完成3个部门协同方案
股权激励设计	咨询公司定制课程	1天	2万	制定高管激励草案
行业标杆考察（特斯拉等）	实地参访	2天	2.5万	提交智能化改造对标报告

关键措施：

建立战略研讨会制度，将培训成果转化为实际决策

考核与股权激励计划挂钩，对未达标者暂停当年期权授予

四、中层管理者培训规划（8万元）

部门培训方案：

部门	重点课程	形式	预算/元	目标值
研发中心	专利布局与转化	中科院专家	1.8万	第4季度前转化3项休眠专利

(续表)

部门	重点课程	形式	预算/元	目标值
生产中心	MES系统深度应用	西门子认证	2万	操作失误率下降50%
市场销售	大客户关系管理	实战演练	1.5万	新增5家车企客户
客户服务	需求分析与方案设计	咨询公司	1.2万	方案响应时间≤24小时
行政人事	智能化生产培训体系搭建	德国认证课程	1.5万	9月前完成MES认证课程开发

管理机制：

实行项目制学习，将培训成果直接应用于部门KPI攻坚任务

建立导师资源池，选拔10名优秀中层管理者担任基层内训师

五、基层员工培训规划（7万元）

岗位培训矩阵：

岗位类别	必修课程	认证要求	预算/元	目标
生产操作工	MES系统操作认证	持证上岗	2万	9月前100%通过基础操作考核
销售专员	商业综合体电力规划基础	案例通关考核	1.8万	方案设计耗时缩减40%
客服工程师	充电桩故障诊断认证	国家三级认证	2万	重复投诉率下降30%
质量检验员	智能检测设备应用	岗位技能竞赛	1.2万	不良品漏检率≤0.5%

创新举措：

推行学分银行制度，年度培训积分与晋升资格挂钩

设立技能比武基金（1万元），激励产线操作能手

六、效果监控与风险防控

数据看板：

每月同步对比培训完成率、认证通过率、业绩改善率三大指标

重点部门（研发部/生产部）设置培训效益转化系数（如专利转化数/MES故障率）

风险应对：

讲师资源风险：提前3个月签约外部专家，培养20名内部认证讲师

工学矛盾：推行"1+1"学习模式（每周1小时集中培训+1小时自主练习）

预算超支：建立课程采购比价机制，对于相同课程至少获取3家供应商报价

核心价值点：

通过精准的分层培训，预计可实现：研发专利转化周期缩短60天，生产操作失误率下降50%，大客户转化率提升20%，直接支撑2.8亿元营收目标的达成

　　DeepSeek生成的方案具备了基本框架和方向，看到这些初步的规划，周洁眼前一亮。虽然DeepSeek给出的方案还需要进一步细化和完善，但它确实提供了许多新颖的思路。周洁知道，这只是一个开始，接下来她要根据公司的实际情况，对这份方案进行深入的调整和优化，确保它能够真正落地实施，为公司的人才发展和战略目标实现贡献力量。

本节配套资料下载

第 6 章

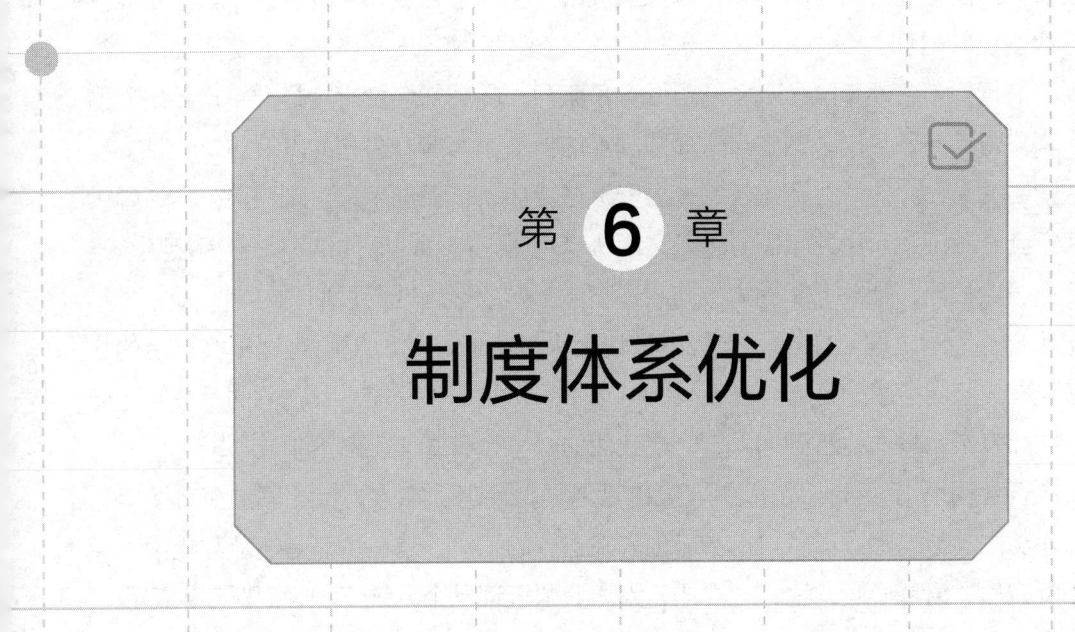

制度体系优化

第1节　用DeepSeek从数据中找突破点

云创未来科技有限公司在SaaS软件领域摸爬滚打多年，自2015年成立后，如今正处于关键的二次创业转型期。公司100多名员工在中小企业营销SaaS解决方案的赛道上全力冲刺，然而，前行的道路却布满了荆棘。市场竞争激烈，品牌知名度有待提升，产品研发遭遇瓶颈，客户留存问题突出，这些难题如同沉重的枷锁，束缚着公司的发展。

在这紧要关头，沈佳作为新上任的人力资源总监加入了云创未来。刚踏入公司，她就敏锐地察觉到一种混乱无序的氛围。部门之间协作不畅，沟通时断时续，工作衔接频繁出错，员工们虽然忙碌，却缺乏明确的方向感，整体工作效率远低于预期。

沈佳深知身为刚入职的HRD，老板就是让她来解决问题的。但面对这千头万绪的状况，她就像在黑暗中摸索的行者，毫无头绪。与不同部门员工交流后，得到的反馈杂乱无章，问题错综复杂，根本找不到切入点，这让沈佳心急如焚却又无从下手。

在一次行业论坛上，沈佳结识了资深HR徐老师。徐老师在人力资源领域深耕多年，经验丰富。沈佳向徐老师倾诉了自己在云创未来遇到的困境，言语中满是迷茫与焦虑。徐老师耐心听完后，语重心长地说："沈佳，人力资源管理是个系统工程，面对复杂问题不能只看表面。你要对前一年甚至更久的数据进行整理，仔细分析。数据是解开问题的钥匙，它会帮你找到关键问题，也能为你指明方向。"

论坛结束后，沈佳立刻返回公司，全身心投入数据整理工作中。她决定先从招聘这个维度展开分析，毕竟招聘直接关系到公司的人才输入，影响团队的质量和发展速度。沈佳花费大量时间，收集了过去一年的招聘数据，从招聘信息发布、简历投递、筛选、面试到最终录用，每个环节的数据都被她仔细梳理。

在整理招聘数据时，沈佳发现了不少问题。例如招聘信息发布后，简历投递量不理想，尤其是算法工程师、前端开发等研发关键岗位。进一步分析发现，公司招聘渠道过于单一，过度依赖传统招聘网站，对新兴渠道拓展不足，导致招聘信息无法精准触达目标人才群体。而且在简历筛选环节，不同面试官标准差异大，主观性强，使得一些潜在的优秀人才在这个阶段就被淘汰，造成人才资源浪费。

对招聘数据进行统计和整理以后，沈佳又开始对离职数据和离职率进行分析。她明白,员工离职率过高不仅会增加公司的招聘和培训成本,还会影响团队稳定性和凝聚力。一番努力后,她整理出过去一年的离职数据,结果令人担忧,公司离职率明显高于行业平均水平。

沈佳认真思考,感知到几个问题:第一,公司的AI算法岗招聘迫在眉睫,这可能会严重影响公司的发展。第二,研发部的关键人才保留也是重中之重。第三,销售部门员工流失率也比较大,是否应该进行激励?

沈佳在电脑上尝试用思维导图画一下,但因为头绪太多,实在有些困难。似乎什么都要做,但又不知道从哪儿做起。

总觉得还未触及问题的核心。公司当前面临的困境,似乎不只是招聘和离职这两方面的问题,背后还有更深层次的原因。或许受限于自身专业知识,沈佳只能看到一些表面问题,对于深层次的因素却无法看透。看着手中的数据报表,她满心无奈与困惑,这些数据虽然揭示了一些现象,可对于下一步该怎么做,似乎并没有太大帮助。

最终沈佳想到了借助DeepSeek的力量,在开拓思维与数据穿透分析方面,DeepSeek更有优势。

实操步骤如下。

1.准备训练资料

> **AI训练资料6.1.1**

云创未来科技有限公司背景资料

一、公司基本信息

成立时间:2015年(目前处于二次创业转型期)

所属行业:SaaS软件研发与销售(核心赛道:中小企业营销SaaS解决方案)

员工规模:100多人

二、组织架构

1.总经办(5人)

岗位:CEO(1人)、CTO(1人)、CFO(1人)、COO(1人)[①]、战略顾问(1人)

职能:制定公司战略,统筹资源分配,决定重大业务方向

2.职能中心(8人)

---

① CTO,首席技术官。CFO,首席财务官。COO,首席运营官。

（1）法务部（1人）

岗位：法务主管

主要工作：合同风控、数据合规、知识产权保护（现有5项软件著作权）

（2）行政人事部（3人）

岗位：行政人事总监、招聘培训主管、绩效薪酬及员工关系主管各1人

（3）财务部（4人）

岗位：财务总监、会计主管、会计、出纳

3. 研发中心

岗位：产品总监（1人）、需求分析师（1人）、前端开发员（6人）、后端开发员（7人）、算法工程师（2人）、运维工程师（1人）

4. 市场销售中心

岗位：商务BD专员（1人）、品牌及执行专员（1人）、活动策划及执行专员（2人）、销售总监（1人）、大客户经理（2人）、销售主管（3人）、销售专员（11人）

5. 客户成功部

岗位：客户成功总监（1人）、客户成功经理（2人）、客户成功专员（14人）

三、年度目标（2025年）

客户规模：新增付费企业客户150家，大型企业占比5%（8家）

销售结构：核心SaaS产品销售额增长30%（目标2100万元），增值服务（行业模块）营收占比10%（300万元）

营收与留存：整体营收增长25%，至3000万元，客户续约率提升至65%

四、业务发展痛点

1. 市场与销售侧：中小企业客户更倾向选择知名度高的品牌，与新客户建立信任关系需要3个月甚至更长时间。80%新客户来自直销，渠道合作贡献不足20%，规模化扩张受限。

2. 产品研发侧：研发投入占比18%（约540万元），但AI算法团队仅2人，难以支撑智能化升级；客户个性化需求响应周期45天，比竞品同类功能上线速度慢30%；核心系统架构老化，客户反映操作复杂，移动端适配率仅40%。

3. 客户成功侧：缺乏客户健康监测工具，续费时才发现15%客户已3个月未活跃，且现在的续费率大大低于同行水平。

> **AI训练资料6.1.2**

招聘漏斗分析统计表

招聘阶段	产品研发部	市场销售部	客户成功部	行政人事部	总经办	总计
简历投递数/份	56	45	128	267	26	522
简历匹配成功数/份	37	28	68	186	6	325
初试通过人数/人	14	20	31	59	3	127
复试通过人数/人	8	9	8	12	1	38
发放录用通知人数/人	8	9	7	2	1	27
实际入职人数/人	7	8	5	1	1	22
转化率（入职量/投递量）	12.50%	17.78%	3.91%	0.37%	3.85%	4.21%

离职统计表

部门	年初人数	离职人数-职业发展受限	离职人数-工作压力大	离职人数-个人原因	年度入职人数	年末人数	离职率
总经办	5	1	0	0	1	5	20%
行政人事部	3	0	1	0	1	3	33%
产品研发部	16	2	1	3	7	17	38%
市场销售部	21	2	1	3	8	23	29%
客户成功部	17	2	1	2	5	17	29%
总计	62	7	4	8	22	65	31%

2.输入专业提示词

> **AI训练资料6.1.3　提示词**
>
> 角色：你是一名人力资源专家
>
> 任务：根据上传的招聘数据和离职数据，给出分析和建议
>
> 要求：
>
> 1. 要围绕公司战略目标进行分析
>
> 2. 给出具体建议和理由
>
> 3. 要有具体行动建议
>
> 4. 要有优先级
>
> 5. 不要用虚拟数据
>
> 格式：
>
> 1. 不要用代码、markdown及text格式，用文本和表格形式呈现
>
> 2. 要用业务员和HR能看懂的语言，不要用技术型语言

3.生成结果

> **AI生成结果6.1.1**
>
> 基于公司战略目标与现有人力资源数据，提出以下结构化建议。
>
> **一、战略关联问题诊断**
>
> | 业务痛点 | 人力资源短板 | 对战略目标的影响 |
> | --- | --- | --- |
> | AI研发能力不足 | 算法团队仅2人 | 制约产品智能化升级 |
> | 客户续约率低于行业平均水平 | 客户成功部招聘转化率3.9%（行业均值8%） | 威胁续约率目标 |
> | 渠道贡献不足20% | 销售团队开发大客户能力不足 | 影响新增150家客户目标 |
>
> **二、优先级策略与实施路径**
>
> **优先级1：突破AI研发人才瓶颈**
>
> ■ 策略依据：将540万元研发投入转化为产品力

- 人才画像：3年以上机器学习经验/主导过SaaS项目/熟悉PyTorch框架
- 定向招聘：大厂智能客服团队P6~P7级工程师
- 项目绑定：设计6个月智能预警模块攻坚期（签约即配10%项目分红权）

优先级2：重构客户成功团队能力

- ■策略依据：减轻14人团队服务150位新增客户压力
- 人才画像：2年以上客户运营经验/数据分析能力/抗压性强
- 流程改造：建立"简历-初试-情景测试（客户投诉处理模拟）-终面"四阶筛选
- 人效提升：上线客户健康监测系统

优先级3：培育大客户攻坚梯队

- ■策略依据：新增8家大型企业客户
- 人才画像：5年以上企业客户销售经验/百万元级订单闭环案例/渠道资源
- 能力再造：
- 每季度进行大客户沙盘演练（模拟招投标全流程）
- 设置"渠道开拓先锋奖"（如果年度渠道贡献超200万元，奖励5%利润）

三、支撑体系优化

1. 离职管控机制：针对研发部38%离职率（6人离职）
- 实施"技术双通道"晋升机制（管理序列：工程师→技术总监；专家序列：初级→首席）
- 建立CTO季度座谈会（收集技术团队诉求）

2. 数据化招聘：针对客户成功部3.91%的漏斗损耗
- 开发岗位胜任力模型（主要维度：应变能力、客户同理心、数据分析敏感度）
- 应用AI视频面试系统（自动识别情绪稳定性等关键指标）

建议优先启动AI人才专项猎聘（1个月内招聘2名资深算法工程师），同步优化客户成功部招聘流程（2周内实施情景测试）。每季度评估大客户成单率、客户健康度预警准确率、算法模块开发进度三项战略关联指标。

注意：上传表格时不要用合并单元格，否则无法解析。

基于这份分析建议，沈佳获得了更多思路。但她知道不能直接使用这个报告。
沈佳结合公司的实际情况，再次进行深化训练。

4.输入提示词

> **AI训练资料6.1.4 提示词**
>
> 延续前面的对话。围绕前面对话已经生成的建议报告，生成向CEO汇报的人力资源管理实践项目规划报告。需要在不额外增加成本的情况下生成行动规划。

5.生成结果

> **AI生成结果6.1.2**

云创未来科技零成本增效人力资源管理规划（CEO版）

一、战略杠杆选择

聚焦"现有人效提升+存量资源激活"，通过组织能力再造支撑战略目标

二、关键增效路径表

战略目标	实现方法	实施路径	资源来源	效益指标	执行周期
AI能力突破	现有人才能力激活	①组建算法攻坚小组（现有2名算法工程师，再抽调2名后端骨干） ②与高校联合开展AI训练营（充分利用企业实战案例库）	校企资源置换	3个月内完成智能预警系统开发	2024年6月—2024年12月
续约率提升	服务流程重构	①建立客户分级响应机制（重要客户由总监直管） ②实施"老带新"服务搭档制（1名老员工教3名新专员）	现有人员结构调整内部经验沉淀	提前30天发出客户失联预警	立即执行
渠道能力建设	销售老兵价值再挖掘	①选拔3名资深销售员，成立渠道孵化中心 ②建立渠道知识库	销售团队内部选拔现有知识管理系统	每季度新增1家有效渠道商	2024年7月起执行

三、零成本执行方案

1. 技术人才裂变计划
- 能力复用：要求算法工程师每月开展2次内部技术培训（计入绩效考核）

- 项目承包：开放智能监测模块开发权，团队可获得未来产品利润1%分成
- 梯队储备：从后端团队选拔3名潜力工程师进行AI技术定向培养

2. 客户成功部人效革命
- 工具赋能：利用现有商务智能系统搭建客户健康度监测看板（由研发中心支持）
- 时段优化：建立"服务响应波谷计划"（非活跃时段集中处理预警客户）
- 能力认证：实施内部服务资格评级（未获银牌认证员工不得服务重点客户）

3. 销售组织内生增长
- 经验产品化：每周三召开"渠道开拓复盘会"（总监参会）
- 老兵新用：设置"渠道教父"荣誉体系（培养3名渠道经理，可晋升至总经办）
- 资源置换：与行业协会互派人员交流（置换渠道资源）

四、风险控制机制

风险点	预警指标	低成本应对方案	监控频率
技术攻坚进度滞后	连续2周无更新版本	启动"封闭开发周"（调休补偿）	双周跟踪
客户响应超时	24小时未响应重点客户诉求	激活"高管护航机制"（COO直接介入）	实时监测
渠道知识沉淀不足	工作总结提交率低于80%	实施"工作总结日清制度"（如果当日未提交，暂停客户分配）	每日检查

五、执行保障体系

1. 组织机制：成立跨部门协作小组（CTO+销售总监+客户成功总监）
2. 考核牵引：将战略项目进度纳入高管OKR[①]（占比不低于30%）
3. 文化激活：每月评选"增效先锋"（奖励带薪假期/重点项目署名权）

六、数据化成效预测

指标项	当前值	目标值（12个月）	提升杠杆
研发人效	0.8模块/人月	1.2模块/人月	技术复用机制
客户服务响应速度	43小时	24小时	分级响应制度
渠道知识复用率	15%	60%	工作总结日清体系

---

① OKR：目标与关键成果法。

> 本规划通过组织变革释放存量资源价值，在预算零增长前提下确保战略目标可达成。建议建立"总经办-协作小组-执行单元"三级推进机制，每月公示关键战役进度。

本节配套资料下载

第2节 用DeepSeek赋能特殊场景下的管理实践

　　沈佳在深入分析各模块数据后，逐渐找到了云创未来科技有限公司人力资源管理的核心问题，并稳步推动各项策略的实施。然而，在某个月的人力资源部例会上，HR专员提出一个问题——销售岗位人员经常借外出的名义"摸鱼"，早上不来公司打卡。

　　得知此事后，沈佳没有立刻采取行动，而是决定先深入了解情况。她让HR专员把近几个月考勤数据整理出来，再与销售部门的负责人进行了沟通，发现这种现象并非个例，已经持续了一段时间。销售团队成员声称，由于工作需要经常外出拜访客户，有时为了节省时间会直接前往客户处，无法回公司打卡。但从实际业绩来看，部分人员的业绩并没有因为所谓的"高效拜访"而提升，反而有所下滑，这让"摸鱼"的嫌疑增大。

　　沈佳深知，这个问题看似偶然，实则反映了公司在管理流程和激励机制中的漏洞。如果不及时解决，可能会引发其他员工的效仿，进一步破坏公司的工作秩序。她决定从几个方面入手，逐步推动解决方案的实施。

　　身为资深HR，沈佳首先想到的是优化公司的考勤系统。她引入了一套基于地理位置的移动考勤应用，员工在外出时可以通过手机APP（应用程序）进行打卡，系统会自动记录打卡位置和时间。同时，要求销售人员在拜访客户前，必须在APP上填写拜访计划，包括客户名称、地址、预计拜访时间等信息；拜访结束后，还需要上传拜访记录和客户反馈。这样一来，既能确保考勤数据的真实性，又能对销售人员的工作过程进行有效跟踪。

　　然而，仅仅依靠技术手段并不能完全解决问题。沈佳意识到，还需要从激励机制上入手，激发销售人员的工作积极性。她与销售部门共同制定了一套新的绩效考核方案，将业绩与奖励更加紧密地挂钩。一个月后再看，收效甚微。

沈佳想到，再让DeepSeek帮助自己开拓思路，给出解决方法。

1. 准备训练资料

▶ **AI训练资料6.2.1**

关于销售部人员借外出拜访客户名义逃班的背景说明

一、现状

业绩数据：近两个月新客户签约量仅为10家，远低于月度目标的25家，且客户跟进转化率也从过去的30%降至15%。

销售管理系统记录异常：过去一个月，销售人员累计提交外出拜访记录200条，但深入核查后发现，约30%的拜访记录存在异常。

二、调查过程

通过数据交叉比对发现，那些频繁出现异常拜访记录的销售人员，其负责的客户跟进周期明显延长，平均销售周期从原本的45天拉长至70天，订单金额也普遍偏低，较其他积极工作的销售人员低30%左右。这进一步印证了部分销售人员工作懈怠对业务产生的负面影响。

同事反馈收集：有销售人员在记录中声称拜访了位于市中心的某大型企业客户，可定位数据却显示其当时处于城郊的休闲公园附近；还有部分销售人员记录的拜访时长极短，平均每次拜访仅用15分钟，而正常情况下，向这类客户详细介绍产品、了解需求并建立合作意向，拜访时长应在60分钟左右。即使拜访时间很短，他们也会在外面停留半天才回到公司。

三、后果

有部分原本积极的销售员也出现"摸鱼"的现象，整体A类客户转化率同比下降8%。

2. 输入提示词

▶ **AI训练资料6.2.2　提示词**

角色：你现在是一名人力资源专家

> 任务：我将上传《关于销售人员借外出拜访客户名义逃班的背景说明》，请你结合前面步骤中已经上传的公司背景资料等内容帮我设计个性化人力资源制度来解决该问题。
>
> 要求：
>
> 1.分析问题原因；
>
> 2.优化后的制度能够起到的约束作用；
>
> 3.优化后的制度需要具有激励作用，也能照顾到员工情绪；
>
> 4.需要列出制度中的注意事项；
>
> 5.避免自研系统，我公司没有自研的能力。
>
> 格式：
>
> 1.不要出现代码技术类的语言，不要用markdown和text格式；
>
> 2.中文书面语，避免绝对化表述；
>
> 3.结构清晰，便于阅读，用文本和表格呈现。

3.生成结果

AI生成结果6.2.1

销售人员外勤管理制度优化方案

一、问题归因分析

问题维度	具体表现	根因诊断
过程管控	30%拜访记录异常	缺乏拜访质量验证机制
考核导向	销售周期延长30%但无过程考核	忽略过程管理
团队文化	A类客户转化率下降8%	消极行为产生示范效应
技术支持	依赖人工核对位置信息	缺乏轻量级验证工具

二、三维度解决方案

1.智能约束机制（利用现有工具）

- 交叉验证制度
  - 拜访记录需包含：客户姓名+现场照片（带时间水印）+15秒环境视频

- 客户成功部随机抽取20%记录进行回访验证（每周三固定执行）
- 动态停留机制
  - 使用企业微信"位置签到"功能（需停留超30分钟才计为有效拜访）
  - 系统自动生成"拜访热力图"（展示高频停留区域）

2. 双轨激励机制

- 过程价值积分

指标项	积分规则	兑换权益
优质拜访量	每月超15次A类拜访（客户评级）	1分对应50元团建经费
客户验证好评率	回访好评率100%	优先获得大客户分配权

- 弹性调剂机制
  - 连续3周过程考核达标者可申请1天"自主外勤日"（无须提交详细计划）
  - 月度过程冠军可兑换"客户陪同支持"（由销售总监协助谈判）

3. 情绪缓冲设计

- 申诉绿色通道
  - 对异常记录存在异议时，可提交补充材料（如会议纪要、通信记录）
  - 成立3人仲裁小组（1名HR+1名销售主管+1名员工代表）
- 压力释放机制
  - 每月设置2个"无考核拜访日"（仅需报备大体区域）
  - 过程数据异常时先触发"黄色预警"（限期3天自查自纠）

三、关键实施要点

1. 分步渗透实施

- 试点期（1—2月）：在3个销售小组试运行，收集建议
- 磨合期（3—4月）：将周三定为"过程管理日"，开展专项复盘
- 常态期（5月起）：纳入销售新人入职培训必修模块

2. 风险防控要点

- 数据安全：拜访视频仅保存7天，逾期自动删除
- 隐私保护：非工作时间关闭位置追踪功能
- 文化引导：每月公示"过程之星"案例，弱化负向比较

3. 执行保障机制
  - 建立销售主管"过程管理能力"考核指标（占绩效考核20%权重）
  - HRBP每周参与销售晨会，现场解答制度疑问
  - 每季度开展"阳光拜访"案例征集大赛（奖励客户接待经费）
4. 制度成效预测
  - 3个月内异常拜访率下降至10%以内
  - 6个月销售周期恢复至50天基准线

DeepSeek给出了一些思路，沈佳在这个基础上进行了优化，重新编制了规划，并在后面的三个月逐步落实一系列措施。这些措施实施了三个月后，沈佳对销售团队的工作情况进行了评估。从考勤数据来看，无故不打卡的现象明显减少；从业绩数据来看，虽然整体业绩的提升还需要一定的时间，但新客户开发数量和客户满意度都有了一定程度的提高。这表明，人力资源部的措施正在逐渐发挥作用。

然而，沈佳并没有因此满足。她知道，人力资源管理是一个持续优化的过程，需要不断地发现问题、解决问题。她会继续关注销售团队的动态，以及其他部门可能出现的类似问题，及时调整管理策略，确保公司能够保持良好的发展态势。在这个过程中，沈佳也在不断地成长和进步，逐渐成为一名更加成熟、专业的人力资源管理者，为云创未来科技有限公司的发展提供坚实的人力资源保障。

本节配套资料下载

第3节　让AI成为你的法务经理

在云创未来科技有限公司的会议室里，HRD沈佳捏着员工王涛主张加班费的仲裁申请书，目光落在员工手册"加班管理"条款——"加班需提前申请"，没有细则。这已经不是简单的条款缺失，这样的规定足以让公司在仲裁中陷入被动。作为在人力资源领域摸爬滚打多年的资深管理者，沈佳清楚，这次加班费争议只是冰山一角，员工手册里

必定藏着更多未被发现的法律漏洞。

首先，她对员工手册逐条拆解，对照《劳动合同法》《工资支付暂行规定》等法律法规逐字比对。不查不知道，一查吓一跳：加班审批流程、报酬标准、调休规则缺失，考勤管理中对迟到早退的界定模糊，纪律处分条款缺乏明确的分级标准，甚至连试用期考核、保密协议的违约责任表述都存在歧义。更让她心惊的是，部分条款与地方条例冲突，比如关于女职工孕期调岗的规定。这些漏洞像定时炸弹，随时可能在劳资纠纷中引爆。

沈佳没有急于修订，而是先调取了近三年的考勤数据和工资发放记录。系统显示，仅2024年就有187条无审批加班记录，涉及销售、研发等多个部门，财务人员在处理时默认按最低基数计发加班费，而员工手册对"加班基数如何界定"只字未提。她又随机约谈了30名不同层级的员工，发现基层员工普遍认为"只要加班系统有记录就该算钱"，而管理者认为："在紧急项目中根本来不及走流程，如果不批，怕影响士气，批了又有合规风险。"这种管理实践与制度文本的脱节，正是问题的根源所在。员工手册是公司制度的重要组成部分，这些内容不合规直接导致员工关系处理成本大幅增加。

但公司没有法务部，直接找律师需要一大笔咨询费。沈佳打算先借助DeepSeek的力量，生成一个诊断报告，借鉴一些思路，再成立专项小组来完成员工手册的重构工作。

实操步骤如下。

1.准备资料：脱敏后的员工手册

> **AI训练资料6.3.1**

> ×× 科技有限公司员工手册（节选）
>
> **致员工**
>
> 欢迎加入××有限公司！我们始终秉持"创新驱动发展，科技赋能未来"的核心价值观，致力于成为全球领先的智能科技解决方案提供商。在这里，我们珍视每一位员工的创造力与执行力，希望通过开放平等的平台，让每一位"云创人"都能在技术突破与业务拓展中实现个人价值，共同构建"智慧互联"的美好未来。
>
> **我们的理念**
>
> 以客户需求为导向，以技术创新为基石，打造可持续发展的科技生态。
>
> **我们的目标**
>
> 未来五年内，成为人工智能应用领域的标杆企业，服务超万家政企客户，跻身中国科技企业50强。

2. 输出专业提示词

> **AI训练资料6.3.2 提示词**

角色：你是一名法务经理

任务：仔细检查这份员工手册，根据常见企业合规型员工手册条款进行诊断并出具诊断报告。

要求：

1. 指出现有条款的所有法律风险和修改建议（需详细描述）
2. 指出缺漏的合规条款并说明原因（例如：调休规定、晋升规定等）
3. 给出体系化完善建议和本地化建议
4. 要给出详细说明和条款的示例

格式：

以文本形式呈现，避免markdown、text和代码格式

注意规避法律风险

其他条件：

我公司位于深圳市

我公司为科技研发型企业

3. 生成结果

> **AI生成结果6.3.1**

××科技有限公司员工手册合规诊断报告

一、现有条款法律风险及修改建议

1. 试用期规定风险

风险点：三年以上固定期限合同约定6个月试用期违反《劳动合同法》第十九条（三年以上固定期限合同试用期不得超过六个月，但未明确是否包含本数）。建议明确"三年以上"、不包含三年整的情况。

修改建议：

"三年及以上期限劳动合同，试用期最长不超过六个月。试用期考核需在试用

期结束前15日启动,对于未通过考核的人员,需书面说明具体不符合录用条件的情形并提供证据。"

2. 旷工扣款风险

风险点:旷工1天扣3倍日工资条款违反《深圳市员工工资支付条例》第三十四条(用人单位不得对员工罚款)。

修改建议:

"旷工期间不支付工资。连续旷工3日或一年累计旷工5日,视为严重违反规章制度,公司可解除劳动合同。"

3. 加班管理风险

风险点:弹性工作制未明确是否经劳动行政部门审批,且"原则上不计加班费"表述违反《中华人民共和国劳动法》第四十四条。

修改建议:

"对于实行弹性工作制的岗位,人力资源部门需向劳动行政部门申报。实际工作时间超过法定标准工时的,按法律规定支付加班工资。"

4. 病假工资风险

风险点:病假工资按日工资60%发放不符合深圳市规定(应不低于最低工资标准的80%)。

修改建议:

"病假工资按本人工资的60%发放,且不低于深圳市当年度最低工资标准的80%。"

5. 薪资保密条款风险

风险点:禁止讨论薪资可能被认定为限制劳动者合法权益(《劳动合同法》第三条)。

修改建议:

"员工应遵守公司薪酬保密制度,不得擅自披露本人或他人薪酬信息。但因集体协商需要向工会提供的除外。"

二、缺漏条款及补充建议

1. 缺失反职场骚扰条款

补充示例:

"禁止任何形式的性骚扰、言语侮辱等不当行为。设立独立举报邮箱,接到举报后5个工作日内启动调查。"

2. 无职业病防治条款

补充示例：

"研发人员连续使用电脑超过2小时应休息10分钟。每年安排特定岗位人员进行专项职业健康检查。"

3. 缺少女职工保护条款

补充示例：

"怀孕女职工可申请延长休息时间，每日安排不超过1小时的弹性工作时段。哺乳期女职工每日享有2次、每次不少于30分钟的哺乳时间。"

4. 工会条款缺失

补充示例：

"对涉及员工切身利益的规章制度进行修订，应提前15日通过职工代表大会进行讨论。工会委员会联系人：张三（工号YC1001）。"

三、本地化完善建议

1. 深圳特殊规定

- 高温津贴："每年6月至10月，对露天作业岗位按300元/月标准发放高温津贴。"
- 育儿假："子女三周岁内，父母每年各享受10天育儿假，需提前5个工作日申请。"

2. 医疗期计算

"根据深圳市规定，医疗期按实际工作年限计算：①工作年限5年以下，医疗期为3个月；②工作年限5~10年，医疗期为6个月；③工作年限10年以上，医疗期为9个月。"

四、体系化完善建议

制度层级示例：

- 基础制度（如考勤、薪酬）
- 专项制度（如数据安全、研发保密）
- 操作指引（如加班审批流程）
- 应急预案（如工伤处理流程）

动态更新机制：

"人力资源部每半年核查一次制度合规性，重大法律修订后30日内完成制度更新，并通过企业OA系统全员公示。"

> **员工沟通渠道：**
> - 意见反馈窗口：将每月10日定为HRBP接待日
> - 争议处理流程：直属领导→HR部门→工会调解→劳动仲裁
>
> **条款示例：绩效考核标准**
> "研发岗位绩效考核应包括：①项目完成度（40%）；②代码质量（30%）；③技术文档完整性（20%）；④团队协作（10%）。考核细则详见《研发人员绩效管理指引V2.3》"
>
> **紧急情况条款：**
> "突发公共卫生事件期间，经公司疫情防控小组批准，可启动远程办公机制。远程办公期间每日需通过视频会议系统进行两次考勤（9:00、15:00）。"
>
> 注：结合《深圳经济特区和谐劳动关系促进条例》《深圳市员工工资支付条例（2022年修订）》等地方性法规进行修订，建议委托专业劳动法律师进行合规审查。

沈佳知道AI是提高效率的工具，但决不是拿来即用的资料库。接下来的两周，沈佳带领HR部门、业务部门员工代表组成的专项小组，启动了员工手册的全面修订。她根据DeepSeek的建议，决定从最棘手的加班管理入手，建立"法律底线+管理弹性"的双轨制。在法律刚性条款部分，她明确了加班必须同时满足"因工作需要""超出标准工时""完成审批流程"三个要件，将杜绝"自愿加班""磨洋工式加班"计入合规范畴。OA系统同步升级，员工提交加班申请时必须关联具体工作任务，如项目编号或客户需求单，直属领导需在24小时内线上审批，未通过的加班申请不会被计入考勤中，从技术层面堵住"无审批加班"的漏洞。紧接着沈佳开始修改旷工与试用期的相关规定。DeepSeek提供的诊断报告成为辅助利器，沈佳在原对话基础上，可以继续深挖某一个点，让AI给出一些更为具体的修改意见，再与专项小组的成员进行沟通，确定可行性，最终仅用一周就完成了员工手册的全部修订。

三个月后，当王涛的仲裁申请因"无法提供有效审批记录"被驳回时，沈佳桌上的新版员工手册已经经过两次迭代并正式颁布。她没有就此停步，而是建立了"年度合规审查机制"，每年年初聘请外部法律顾问对手册进行全面检查，重点关注劳动仲裁高频争议条款，如病假工资、离职交接、竞业限制等。在最近一次管理层会议上，她展示了一组数据：新制度实施后，无审批加班记录下降了82%，加班费核发争议咨询量减少了65%，更重要的是，通过匿名调研，员工对制度的认可度提升了40%。

这场始于加班费仲裁的制度改革，最终演变成一次全方位的合规管理升级。沈佳在总结报告中写道："员工手册不是挂在墙上的文件，而是融入管理细节的行事准则。当每一条规定都能回答'为什么制定''如何执行''违反后果'，才能真正成为保护企业和员工的利剑。"

如今，云创未来的员工手册不仅成了人力资源管理的操作指南，更成了新员工入职培训的"合规教科书"。

本节配套资料下载

第 7 章

AI在人力资源战略规划中的应用

第1节　从经营战略到人力资源年度规划

2024年11月，李明加入陈×记食品集团，这是一家处于快速发展期的食品企业。从他以高薪加入这家著名食品企业，至今不过短短25天。入职当天，董事长陈先生的话言犹在耳："小李，我们花这么大代价请你来，就是要让人力资源真正成为战略发动机。我是非常看好人力资源管理的，你要加油。"

身为工作了近20年的HRD，李明明白要想做人力资源战略规划，首先要让各位中层和高层管理人员澄清战略。于是李明做的第一件事情就是启动战略澄清工作坊。

战略澄清工作坊是企业明确战略方向、对齐组织目标的关键工具，在推进过程中需要系统化设计，而HR在其中扮演着"战略翻译官""组织协调者""落地催化剂"的核心角色。

李明首先与董事长进行了深入沟通，确定了战略澄清工作坊的目的、意义，这将对接下来公司的一系列变革具有重大指导意义，因此需要认真选择参与人。最终确定如下人选，董事长、CEO、三个副总和几位高管的任务是提供战略愿景与资源承诺，各部门总监的任务是说明战略执行路径与资源需求，人力资源部的HRD、HRBP充当流程设计者、引导者与记录者。

在战略澄清工作坊开始前，李明还准备了大量资料，包括以往的财报、市场调研报告、公司员工花名册、人才盘点矩阵及历年的经营分析报告等。

在工作坊正式开始前，HRD李明强调了这次工作坊的核心目标：①澄清公司3年战略目标、1年经营目标以及公司使命、愿景、价值观。②将战略目标拆解为可执行的业务路径（如市场策略、产品路线），形成各部门目标看板。③对齐高层认知，形成战略共识（如解决"增长优先与利润优先"的争议）。

李明第一次主持这样的工作坊，他明白在这次长达5天的讨论会中，HR的角色就是帮助业务领导者识别重要信息、引导流程，一步一步完成所有要达到的结果。

经过反复沟通，最终得到了公司的全部战略资料，包括以下几项。

（1）企业愿景及战略定位；

（2）组织三年战略目标；

（3）业务战略类型；

（4）核心价值观与文化；

（5）三年战略目标看板（公司级）；

（6）当年度部门级目标看板；

（7）行业与竞争环境资料；

（8）战略落地保障。

在此基础上，人力资源部要做的工作包括：①将业务部门战略目标解码至人力资源核心战略目标，例如，将"技术领先"转化为"研发团队规模扩张30%""核心岗位胜任力模型更新"；②围绕业务团队的核心目标与战略目标制定当年人力资源战略规划。

在拿到了全部战略资料后，接下来就要开始制定年度人力资源规划了。聪明的李明当然懂得利用AI开拓一下自己的思路，于是，李明进行了以下操作。

1.准备投喂资料

> **AI训练资料7.1.1**

某食品集团公司战略澄清与拆解地图（部分示例）

一、战略资料

1. 企业愿景与战略定位

企业名称：陈×记食品集团

愿景：传承百年匠心，创新中式滋味，让每个家庭都能品尝到有故事的中国味道

战略阶段：成长期

核心目标：

▶传统与创新产品双轮驱动

传统赛道：巩固公司在月饼等节庆食品市场上的龙头地位，2027年将市占率提升至20%

创新赛道：每年推出10种以上新品（低血糖饼干、速食汤品），2027年新品营收占比达40%

▶渠道全域渗透

线下：升级1000家"陈×记手信店"为"国潮体验店"（融入DIY[①]烘焙、工艺展览功能）

[①] DIY，do-it-yourself，自己动手。

线上：打造"全渠道电商矩阵"（抖音/小红书爆款运营+天猫国际/京东全球购跨境电商），2027年线上营收占比提升至60%

▶区域扩张

2025年深耕粤港澳大湾区市场，2026年开拓长三角、京津冀市场，2027年通过跨境电商开拓海外华人市场（不设海外实体事业部，依赖国内保税仓发货）

▎**AI训练资料7.1.2**

人力资源各模块现状汇总（节选示例）

一、招聘与配置模块：新老需求冲突，稀缺人才难破局

1. 传统匠人断层与创新人才"水土不服"

- 传统工艺岗（如制饼岗）：资深匠人（10年以上经验）社会存量不足，新招聘的应届生不愿沉下心来学习传统技艺，2024年计划招聘20人，仅到岗8人
- 创新业务岗（如健康食品研发工程岗）：从其他企业引进的人才（拥有"0糖配方"），因不适应传统作坊式生产流程，6个月内离职率达40%

2. 跨境电商人才"量少价高"，地域匹配度低

- 当地市场精通"天猫国际 + 海外华人社群运营"的人才稀缺，现有2名员工因不熟悉食品行业合规要求（如美国FDA标签认证），导致3款新品上架延迟
- 跨境电商经理平均年薪比传统经销商经理高50%，引起线下团队不满（"我们跑断腿开拓渠道，不如坐在电脑前打字的人挣得多？"）

▎**AI训练资料7.1.3**

定岗定编表（部分示例）

部门	岗位名称	编制数	在编数	缺编数	与战略挂钩的核心职责
传统业务事业部	区域经销商经理	150	130	20	开拓下沉市场，维护大客户，开发年节采购市场（负责500家体验店）
	体验店店长	300	270	30	运营国潮体验店，策划DIY工坊与工艺展览（使游客转化率提升20%）
	非遗技艺传承人（师徒制）	50	40	10	传授传统糕点工艺，带徒弟，培养新人（匠人经验数字化）
	古法配方研究员	20	18	2	挖掘古籍配方并改良（巩固传统产品15%市占率）
	传统食品品控工程师	30	28	2	制定传统产品质检标准（确保合格率≥99.5%）
小计	—	550	486	64	—
创新业务事业部	健康食品研发工程师	40	30	10	主导低血糖饼干等新品研发（确保健康化新品营收达到7.5亿元）
	国潮产品经理	30	25	5	设计国潮联名产品（如广式早茶速食系列）
	跨境电商运营经理	20	12	8	负责天猫国际/京东全球购运营（确保跨境电商首年营收达到1.5亿元）
	直播运营专员	50	35	15	负责抖音/小红书直播（确保抖音渠道GMV[①]占比达到40%）
	私域用户运营主管	15	10	5	管理会员小程序，提升私域复购率（使会员复购率达到50%）
小计	—	155	112	43	—

用这三份文件，AI能够帮助李明生成一个框架性的人力资源规划。

---

① GMV，商品交易总额。

2. 输入提示词

> **AI训练资料7.1.4　提示词**

角色：你是一名人力资源战略规划专家

任务：深度解析上传的三份文件，输出本公司2025年人力资源年度规划

包括但不限于以下内容：

1. 与战略对接的人力资源年度战略目标
2. 与战略目标和业务痛点相关联的人力需求预测与供给预测

   按部门、岗位、层级分解年度人力需求（结合编制预算、业务量增长、岗位淘汰/新增）

   识别关键岗位清单，标注稀缺性及招聘优先级

   提出内部供给与外部供给的建议
3. 招聘计划

   招聘节点、渠道、流程等规划
4. 培训与人才发展规划

   按高层、中层、基层提出当年度培训与人才发展规划

   围绕战略提出人才发展年度规划和目标
5. 绩效及薪酬规划

   该年度绩效管理及薪酬优化的重点规划
6. 员工关系、合规及风险规划
7. 人才保留与风险应对

   以上内容均需要与战略目标、部门年度目标有关

   以上规划需要评估成本、预算和风险

注意：要将我司年度人力成本预算增加幅度控制在15%以内，将培训费用控制在20万元以内，将招聘预算控制在30万～50万元。

要求：

1. 用业务员、CEO、HR均能看懂的语言，不要用过于专业的语言
2. 不要用代码、markdown等格式

3. 生成结果

> **AI生成结果7.1.1**

陈×记食品集团2025年人力资源年度规划

一、与战略对齐的人力资源目标

核心目标：实现30亿元营业收入，确保创新业务人力供给，实现组织能力升级

1. 人才供给：补足164个关键岗位缺口（优先补齐跨境电商、直播运营、非遗传承岗）

2. 能力建设：传统工艺标准化率达到60%

3. 效能提升：跨部门协作效率提升30%，核心人才主动流失率≤10%

二、人力需求与供给规划

1. 重点岗位需求（按优先级排序）

部门	核心岗位	缺编数	稀缺性	招聘优先级
创新业务事业部	跨境电商运营经理	8	行业前10%企业工作经验	★★★★★
	直播运营专员	15	食品行业直播经验	★★★★☆
传统业务事业部	非遗技艺传承人	10	10年以上传统工艺经验	★★★★☆
市场中心	精准投放专员	5	ROI[①]≥1:6	★★★★

新增岗位：保税仓关务主管（跨境电商部）、AI烘焙设备工程师（智能工厂）

2. 供给策略

内部供给：

o 传统销售岗转直播运营岗（选拔20名形象佳、产品知识丰富的员工）

o 老匠人带徒补贴翻倍（带出1名合格学徒，奖励5000元）

外部招聘：

o 跨境电商人才：与深圳跨境电商协会联合招聘（预计成本25万元）

o 非遗传承人：在佛山、潮州设传统工艺招聘专场（预算8万元）

[①] ROI：投资回报率。

三、招聘实施计划

关键节点：

- 第1季度：完成跨境电商、直播岗招聘（3月前保障"618大促"人力需求）
- 第2季度：通过校招补录食品工程、电商专业学生（7月前储备200名管培生）

渠道优化：

- 传统工艺岗：通过短视频招聘（在抖音上发布匠人工作实录）
- 技术岗：与华南理工大学共建"智能食品工程"定向班（人均培养成本1.2万元）

四、培训与人才发展

分层培养计划：

层级	重点方向	核心项目	预算/元
高层	战略落地	每季度召开战略解码工作坊	5万
中层	跨部门协作	跨境电商沙盘模拟	8万
基层	技能融合	双师制培训（老匠人+数字化导师）	7万

重点项目：

- 非遗工艺数字化：录制100节标准化教学视频（6月前完成）
- 全员电商认证：要求40岁以下员工通过基础运营考核（9月前达标率达到80%）

五、绩效与薪酬优化

考核变革：

- 创新业务部：GMV[①]考核目标权重从80%降至60%，新增"跨部门需求响应速度"指标（20%）
- 供应链中心：将"电商需求预测准确率"纳入KPI[②]（权重15%）

薪酬调整：

- 设立跨境电商专项津贴（基础薪资上浮20%）
- 设立传统匠人工艺传承奖金（带出1名合格学徒，奖励5000元）

成本控制：总人力成本增幅控制在13.8%（重点向创新业务倾斜）

---

① GMV：商品交易总额。
② KPI：关键绩效指标。

六、员工关系与风险应对

核心举措：

1. 代际融合：每月举办"传统与创新对话会"（老匠人分享工艺经验，"95后"演示数据分析）
2. 合规强化：外聘跨境用工法律顾问（预算5万元/年）
3. 风险预案：
   - 关键匠人离职风险应对举措：要求首席非遗传承人每年培养2名徒弟
   - 跨境电商合规风险应对举措：建立"24小时海关政策响应小组"

七、人才保留计划

保留方法：

- 核心人才股权激励：覆盖前20%跨境电商运营和研发骨干（人均激励成本15万元）
- 职业双通道：
  - 传统序列：学徒→技工→匠人→非遗传承人（最高年薪可达50万元）
  - 创新序列：专员→项目负责人→事业部总监（3年晋升周期）

预期效果：跨境电商团队流失率从35%降至20%，非遗传承人零流失

预算总览

项目	预算/万元	风险预警
招聘	48	跨境电商人才薪资溢价可能超预期
培训	20	老员工数字化培训通过率或低于目标
员工关系	7	为解决代际冲突，需持续投入

本规划致力于：

- 保障跨境电商首年1.5亿元营收目标的人力需求
- 支撑健康化新品7.5亿元营收的研发、运营团队配置
- 实现组织年轻化（30岁以下员工占比达45%）与数字化双重升级

想要人力资源规划有效支持战略目标，还要将其拆解成季度、月度的SMART型目标，并细化为可执行的具体举措。李明延续上一步AI生成的结果，继续往下拆解。

4.输入提示词

> **AI训练资料7.1.5 提示词**

角色：你是一名人力资源战略规划专家

任务：延续上述对话的结果，将人力资源战略规划拆分为人力资源部年度执行计划

1. 要有关键节点和SMART执行目标
2. 要有优先级
3. 按月份排序

标出执行可能遇到的困难、问题和解决方案

要求：
1. 用业务员、CEO、HR均能看懂的语言
2. 不要用代码、markdown格式

5.生成人力资源年度执行计划

> **AI生成结果7.1.2**

陈×记人力资源部2025年度执行计划

第一季度：人力攻坚与体系搭建

1月：闪电招聘启动

▶核心目标：完成跨境电商运营经理50%招聘任务（4人）

▶举措：

• 1月10日：深圳跨境电商专场招聘会（目标：签约2人）

• 1月20日：启动销售岗转直播运营岗内部选拔（目标：10人报名）

▶风险：候选人薪资要求超预算

▶预案：对优秀人才启用"保底GMV分成"（底薪降低10%，GMV超目标部分提成加倍）

2月：非遗传承保卫战

▶核心目标：新增3名非遗传承人，启动师徒激励

▶举措：

- 2月15日：佛山传统工艺招聘会
- 2月28日：签订《师徒对赌协议》（10组师徒结对）

▶风险：老师傅不愿带徒

■预案：带徒奖励与职称评定挂钩（未达标者取消"高级匠人"津贴）

3月：数字化基建落地

▶核心目标：制作首批5个传统工艺虚拟现实课程

▶举措：

- 3月10日：完成10名老匠人操作视频采集
- 3月31日：50名员工通过虚拟现实课程考核

▶风险：老员工抗拒新技术

■预案：设立"数字化先锋奖"，通过考核者月度奖金增加5%

第二季度：能力升级与绩效破冰

4月：薪酬改革落地

▶核心目标：跨境电商岗薪资方案全员通过

▶举措：

- 4月15日：召开薪酬沟通会（重点说明"高浮动薪资"逻辑）
- 4月30日：完成全员合同变更

▶风险：传统业务团队不满

■预案：对传统销售岗增设"工艺传承特别奖"（将年度销售额0.5%作为提成）

5月：全员电商认证

▶核心目标：40岁以下员工80%通过基础认证

▶举措：

- 每周三晚开设"电商夜校"（计入加班时长）
- 5月31日：组织认证考试（对于未通过者，扣减10%季度奖金）

▶风险：占用业务时间引发抵触情绪

■预案：对于认证通过者，奖励1天带薪假

6月：绩效体系升级

▶核心目标：所有部门签署新版KPI责任书

▶举措：

- 6月10日：市场部与供应链部签订《需求预测对赌协议》
- 6月25日：研发部启用"新品盲测满意度"考核模块

▶风险：部门讨价还价，拖延进度

■预案：对于延迟签署责任书的部门，扣减第2季度绩效预算5%

第三季度：文化融合与风险防控

7月：代际融合攻坚

▶核心目标：完成10组老匠人+"95后"创新项目结对

▶举措：

- 7月15日："传统工艺创新工作坊"（设计5个改良方案）
- 7月30日：最佳方案设计者获得10万元孵化资金

▶风险：双方互相否定方案

■预案：设立"跨界融合奖"，仅颁发给双方共同认可的项目

8月：核心人才备份

▶核心目标：给前10个关键岗位100%配备备份人员

▶举措：

- 8月10日：签订《核心人才备份责任书》（直属领导负连带责任）
- 8月25日：组织备份人员技能比武大赛

▶风险：备份人员能力不达标

■预案：启用"双倍培训时长"（备份人员月度培训时长翻倍）

9月：合规体系验收

▶核心目标：通过跨境电商全流程合规审查

▶举措：

- 9月5日：模拟海关突击检查（重点查标签、认证文件）
- 9月20日：完成3轮合规培训

▶风险：海关新规变动导致不合规

■预案：与海关数据直连，政策变动24小时内预警

第四季度：年度收官与复盘

10月："双十一"战役支援

▶核心目标：保障临时用工需求

▶举措：

- 10月10日：与3家灵活用工平台签约
- 10月25日：制定《大促期间三班倒预案》

▶风险：临时工技能不足

■预案：核心岗位储备30%冗余人力

11月：年度人才盘点

> ▶核心目标：将20%高潜力人才纳入管培计划
>
> ▶举措：
>
> • 11月15日：360度评估+业务数据排名
>
> • 11月30日：确定2026年事业部总经理储备名单
>
> ▶风险：业务部门保护性评分
>
> ■预案：增加"历史带教成果"客观指标
>
> **12月：战略复盘与预算重置**
>
> ▶核心目标：输出3份战略级分析报告
>
> ▶举措：
>
> • 12月10日：人力资源部与财务部联合分析人力成本投入产出比
>
> • 12月25日：向董事会汇报组织能力差距
>
> ▶风险：数据不全影响结论
>
> ■预案：11月起每日跟踪关键数据，给缺失项标记红色
>
> **优先级说明**
>
> 1. 红色任务：跨境电商招聘（1—3月）、非遗传承人保留（全年）、"双十一"人力保障（10月）
>
> 2. 橙色任务：薪酬改革（4月）、绩效升级（6月）、合规验收（9月）
>
> 3. 蓝色任务：文化融合（7月）、年度盘点（11月）

　　李明清楚，AI生成的年度人力资源规划及执行计划虽富含算法驱动的开拓性思路，却是未经雕琢的璞玉，必须经过深入业务场景的二次解码才能焕发价值。他带着这两份结果，与HR团队与业务领导们开启了"业务浸润之旅"，与每一位负责人进行沟通，了解业务痛点，探讨执行计划是否可行，是否能够带来正向的影响。在逐步调整后，再形成书面正式文件，与财务部门就预算金额进行沟通。最终形成《2025年陈×记食品公司人力资源战略规划及年度目标的拆解方案》。

　　这种转型的本质，是HR从"事务执行者"向"战略翻译官"的角色跃迁。而"AI拓思路+HR深解码"的协同模式，也会让更多HR能够以"战略共同设计者"的身份出现在业务蓝图上。

本节配套资料下载

第2节　在编制与人效的动态平衡中构建战略人力资本模型

2025年5月，当李明带着《2025年人力资源战略执行手册》走进董事长办公室时，董事长却指着财务报表上的人力成本占比曲线说："小李，你看创新业务事业部的人力成本这两年涨得有点快，人均产出的提升却没跟上；传统业务部的人员规模倒是没怎么变，但智能工厂投用后，人效这块儿的表现忽高忽低，不太稳定。"这个问题像突然横在战略大道上的隘口，让李明意识到：前期的人才规划解决了"有没有"的问题，现在要攻克的是"好不好"的难题。

李明清楚，董事长的困惑直指企业管理的核心命题——如何让人力资源投入与战略产出形成精准映射。他迅速组建了由HR、财务部成本会计专员、业务部门负责人组成的专项小组，一头扎进历史数据的海洋：从OA系统导出近三年各部门人员流动明细，在ERP中调取各业务线营收数据，甚至翻出了智能工厂投产时的《工艺自动化改造项目日志》。李明还收集到了各部门近三年的基础数据，包括离职统计表、平均在职人数编制表、营收统计表。

财务部门坚持要降本增效，提出了控制成本策略，这样一来人员编制将大幅缩减，但人效能否提升尚未可知。业务部门则提出了非常激进的扩张型策略，希望通过增加人员来增加业绩，却没有认真考虑人效平衡。

为了更好地解决这些问题，李明决定再次借助AI强大的穿透型数据解析能力。于是李明进行了以下操作。

1. 整理投喂的资料

▶ **AI训练资料7.2.1**

传统业务事业部资料汇总表（部分示例）

传统业务事业部年度战略核心目标		
核心目标	关键行动项	衡量指标
将传统产品市占率提升至15%	开发"企业定制化月饼"产品线（对接银行/车企节日采购市场）	传统产品营收增长30%（达18亿元）
	体验店增设"非遗制饼工艺展"，吸引游客购买	体验店游客购买率≥20%（进店客流→购买下单）
老匠人经验数字化转化	录制100节"传统制饼工艺"教学视频（用于新员工培训和用户科普）	新员工工艺考核通过率提升至90%
	老匠人参与"虚拟工厂"研发（对工艺参数进行数字化建模）	传统工艺数据化率≥60%（将关键参数录入智能工厂系统）

2. 输入提示词

在原来训练人力资源战略规划的对话基础上延续对话。如果新开对话，则需要再次投喂公司战略资料。

○ **AI训练资料7.2.1 提示词**

角色：你是一名人力资源专家

任务：请根据上传的《传统业务事业部资料汇总表》相关资料，基于以下条件生成三套基于人效、战略目标的部门编制优化方案。

1. 业务增长型方案：按营业收入增长40%标准测算部门编制需求，需包含计算公式：

编制需求=目标营业收入/历史人效×(1+离职率)

2. 成本约束型方案：在人力成本增幅≤15%的前提下，调整编制结构

3. 弹性方案

输出方案对比表，标注各方案的人均效能提升率、成本节省比例和实施风险。

要围绕战略驱动型编制公式进行深度分析：

部门编制基数=核心战略任务量人才效能基准值×（1±业务弹性系数）

要求：

1. 用业务员、CEO、HR均能看懂的语言
2. 不要使用代码、markdown格式

3.生成结果

AI生成结果7.2.1

传统业务事业部编制优化三套方案

方案一：业务增长型（支撑40%营收增长目标）

核心公式：

目标编制=（31.9亿元÷469万元/人）×1.16≈789人

重点动作：

o 非遗传承人数从50人增加到80人（解决工艺断层）

o 体验店店长人数从300人增加到400人（支持500家店运营需求）

效能提升：人均营收从469万元增加到657万元（提升幅度超过40%）

风险预警：人力成本激增38%（超预算红线）

方案二：成本约束型（成本增幅≤15%）

结构性调整：

1. 岗位合并：将区域经销经理岗和体验店店长岗合并为"全渠道运营岗"（编制从450人减少到380人）
2. 技术替代：用AI品控系统替代5名工程师，通过VR[①]教学减少8个非遗岗需求
3. 效能提升：

o 人均营收从469万元增加到633万元（增长幅度超过35%）

o 人力成本增幅14.9%（达标）

风险提示：老员工抵触可能导致季度品控合格率下降2%

方案三：弹性方案（敏捷适配）

动态模型：

---

① VR：虚拟现实。

- 核心编制510人：保障传统工艺生产（非遗、品控、店长核心岗）
- 弹性池200人：
  - 100名职校生（中秋旺季支援生产一线）
  - 50名共享仓储员（与盒马生鲜合作）
  - 50名智能排班优化岗（系统调度）

效能亮点：人均营收提升28%（成本增加19%）

核心风险：外包人员工艺达标率不稳定

三方案对比决策表

评估维度	业务增长型	成本约束型	弹性方案
总编制需求	789人	525人	510+200
人效提升	40%	35%	28%
成本增幅	38%	14.9%	19%
战略匹配度	完全匹配	核心任务保障	动态适配
最大风险	现金流压力	质量波动	外包管理复杂度
最佳适用阶段	市场扩张期	利润考核期	业务波动期

执行建议：

1. 立即启动：成本约束型方案中的岗位合并（3个月内完成架构调整）
2. 并行储备：弹性方案中与2所职业院校签订非遗学徒协议（9月旺季前到位）
3. 风险防控：
   - 设立品控突击检查小组（每周抽检）
   - 外包人员上岗前强制通过VR工艺认证考试

数据溯源：

- 历史人效469万元/人=2024年营业收入22.8亿元÷在编人数486人
- 16%离职率取自《近三年离职统计表》2024年数据
- 成本测算依据《定岗表》各岗位平均年薪（传统岗8万元/年～15万元/年）

　　李明明白，AI的生成结果只能作为一个参考，不能完全照搬。于是李明与财务总监、成本会计专员、业务负责人就人效策略进行深度沟通。在这一过程中，又多次回到对战略目标的讨论上。从某种程度上来说，战略、人效、编制联系紧密。在中小型公司，对于这样的问题需要多次讨论，李明再次带领小组进行讨论时使用了三问校准法——让编制回归战略原点的核心提问工具。

目标关联度：该岗位编制增加能否直接提升对应战略指标？

效能杠杆率：每增加1人，能否带来超过行业均值的人效提升？

成本弹性空间：在人力成本占营收比例不突破预警线的前提下，可释放多少编制用于战略刚需？

创新业务部在讨论营养师岗时使用了这三问：新增10个编制需增加12%成本，但能将新品研发周期从90天压缩至75天，使"健康化新品营收"达标概率提升30%——这个分析得到了财务总监的认可，前提是同步砍掉15个低效的包装设计助理岗。

针对中小企业常见的"编制一刀切"问题，李明身为资深HRD，向董事长以及高层管理者提议建立"战略机动编制池"。

池容量：按各部门总编制的15%提取，由总经办直接调配，优先保障跨境电商、智能工厂等战略部门需要。

使用规则：业务部门申请时需附带《战略效能承诺书》，例如直播团队申请10个编制，需承诺"双11"期间私域用户增长200万人，否则次年编制人数核减5%。

效果追踪：财务部门每月出具《编制池使用ROI报告》，某跨境电商团队曾用5个编制撬动1200万元GMV，成为后续编制倾斜的典型案例。

这一招非常好用，传统业务事业部借此解决了"智能工厂技工临时缺口"：从编制池借用10个名额用于旺季生产，同时承诺以工艺数据化率提升5%作为交换，实现了产能与传承的临时平衡。

本节配套资料下载

第 8 章

DeepSeek职场应用准则与场景实践

第1节　DeepSeek实操规范与关键注意事项

1.基础使用原则

（1）DeepSeek生成结果的参考价值，主要取决于投喂资料的数量、质量以及提示词的精准度。资料越准确，提示词越清晰、具体，模型输出的内容就越贴合需求。

（2）本书所提供的提示词，均经团队多轮优化、反复测试，具备较强的适用性与参考价值。但考虑到不同公司业务模式、应用场景存在差异，建议使用者在参考时，结合公司实际情况灵活调整。若对得到的结果不满意，尝试换一种提问方式或调整提示词，重新提问。

（3）建议在训练同一模块内容时，尽可能延续之前的对话语境。这样可以避免重复阐述已提及的前提条件、背景信息及优化方向，减少冗余表述。

2.内容生成优化

（1）在使用DeepSeek生成复杂内容时，建议分批投喂。以生成月度计划为例，可将任务拆解，分步生成结果：首先输出战略框架，列出核心目标、重点方向等，再补充具体执行方法和策略，最后再细化成可执行的计划。这样能避免单次投喂信息过多导致生成的内容有偏差。当需要生成长篇幅内容或逻辑性较强的专业文本时，还可要求AI对输出内容进行二次复查，进一步优化结果。

（2）当使用DeepSeek生成长篇幅或复杂内容时，模型容易出现"偷懒"现象，即虽然整体结构完整，但省略大量具体内容。在训练时，若希望获得详尽全面的结果，可添加提示语，如"对于每个问题需完整且全面阐述，不得简化；改进策略也要详细，不限制字数"。

3.异常处理

（1）一次性投喂大量资料时，DeepSeek需要一定时间进行处理和响应。使用免费版处理复杂任务时，更容易出现生成幻觉或无响应的问题。若HR需要高效、准确地处理专业内容，建议采购专业版服务。

（2）在训练过程中，若模型出现的幻觉现象逐渐增多（例如在生成销售团队岗位绩效对比的时候，高级销售专家、中级销售专家、初级销售员的人数占比分别为6.3%、27%、50.8%，但三者总和不等于100%），建议停止当前对话，并将此前步骤中产生的有效训练结果作为新的投喂资料，重新开启新的对话，继续训练，以此保障训练质量与结果可靠性。

（3）使用DeepSeek时，如果输出内容出现"节选"情况，可能是因为使用了非满血版本，或未开启最高生成字数限制，此时可根据需求追加提示词，进一步明确输出要求。此外，满血版与非满血版、参与过深度训练与未参与深度训练的DeepSeek，生成结果可能存在差异，可多次重新进行训练。若需特定表格形式内容而模型未生成，也可追加指令，重新生成。

4. 数据格式

（1）实操时，建议选用与投喂资料内容相近的模板，结合公司实际情况制作训练资料，确保完整覆盖所需分析维度。若训练资料脱离参考内容，因为AI缺乏有效信息支撑，极有可能生成存在偏差的结果。

（2）上传表格给DeepSeek时，请避免使用"合并单元格"。合并单元格会导致表格结构混乱，模型无法准确解析内容，进而影响训练效果与输出结果。

（3）在训练时，鉴于多数HR不具备写代码能力，提示词中可写明"避免markdown、text和代码格式"，若HR具备编程基础或对markdown等格式较为熟悉，可将上述要求删除，直接输出结果。

5. 安全要求

（1）在上传资料前要仔细检查，对敏感信息进行脱敏处理。例如，将公司名称替换为"某企业"，将员工姓名替换为化名，将身份证号等关键信息全部删除或用虚拟数据替代。如果不确定某些信息是否敏感，可删除或进行模糊化处理。同时，避免在与模型的对话中提及敏感信息，确保整个训练过程的安全性和合规性。

（2）对于DeepSeek给出的代码、问题解答，务必通过权威资料、专业人士等进行验证，因为模型可能出现错误或不准确的情况。

第2节　DeepSeek业务场景训练资料与提示词示例

本节对前7章的提示词进行了汇总，读者可以扫描下方二维码下载，方便使用。

第3节　DeepSeek12种提示词框架

1.ICIO框架

（1）Instruction：指令，即你希望AI执行的具体任务

（2）Context：背景信息，给AI提供更多的背景信息，引导模型给出更贴合需求的回复

（3）Input data：输入数据，告知模型需要处理的数据

（4）Output indicator：输出引导，告知模型我们需要的类型或风格

示例：

I：基于AI面试工具，设计针对软件开发工程师岗位的初筛面试题库，用于2025年开展校招工作

C：公司是一家专注金融科技的中型企业，2025年校招季预计接收3000多份软件开发工程师岗位简历，AI面试工具具备语音语义分析、代码测试等功能，需通过题库高效筛选出技术基础扎实、逻辑清晰的候选人

I：软件开发工程师岗位的技术能力要求（如使用Java、Python等语言的熟练度）、AI面试工具功能和参数文档、往届校招面试高频问题分析报告

O：以Excel表格形式输出，包含问题类型（技术题、情景题、逻辑题）、题目内容、参考答案、评分标准及考察的能力维度

2.CRISPE框架

（1）Capacity and Role：能力和角色，即DeepSeek应该扮演什么角色

（2）Insight：见解，提供你的见解、背景和上下文

（3）Statement：声明，你要求DeepSeek做什么

（4）Personality：个性，你希望DeepSeek以何种风格、个性或方式回应

（5）Experiment：试验，请求DeepSeek为你回复多个示例

示例：

CR：扮演拥有10年互联网大厂经验的培训专家

I：2024年公司新成立的跨部门项目组，成员来自市场、研发、运营三个部门，因工作节奏、沟通方式差异导致项目进度滞后15%，需通过培训打破部门壁垒，提升协作效率

S：设计为期2天的跨部门项目协作培训方案

P：以简洁、专业、注重实战的风格呈现，多结合互联网行业真实项目案例

E：提供3种不同侧重点的培训方案：①以敏捷项目管理工具操作为主；②以跨部门沟通技巧训练为主；③以冲突解决与团队决策演练为主

3.BROKE框架

（1）Background：背景，说明背景，为DeepSeek提供充足信息

（2）Role：角色，希望DeepSeek扮演的角色

（3）Objectives：目标，希望实现什么

（4）Key result：关键结果，需要什么具体效果

（5）Evolve：试验并改进，三种改进方法自由组合

① 改进输入：从答案的不足之处着手改进背景B、目标O与关键结果R

② 改进答案：在后续对话中指出DeepSeek答案缺点

③ 重新生成：尝试在提示词不变的情况下多次生成结果，优中选优

示例：

B：公司为新能源汽车制造企业，计划在6—8月开展2025年秋季校招，目标院校为8所"双一流"高校及5所汽车工程特色院校。2024年校招时收到有效简历1200份，最终签约率仅8%，存在宣讲会到场率低、技术岗位笔试淘汰率过高等问题

R：新能源汽车行业招聘专家

O：将宣讲会平均到场率从40%提升至60%，将技术岗位简历筛选通过率提高至15%，将签约率提升至12%

K：在目标院校中，校招信息触达率达90%，收到有效简历2000份，发放录用通知书240份，实际签约200人

E：①改进输入：若宣讲会到场率未达标，补充目标院校学生作息时间、兴趣活动数

据；若技术岗位筛选效果不佳，优化岗位技术要求描述及笔试题目难度；②改进答案：针对简历投递量不足问题，提出增加校企合作实验室项目宣传等补充建议；③重新生成：在保持核心目标的前提下，多次生成不同校招时间安排、宣传渠道组合策略

4.APE框架

（1）Action：行动，定义要完成的工作或活动

（2）Purpose：目的，讨论意图或目标

（3）Expectation：期望，陈述预期的结果

示例：

A：为2025年销售团队中季度业绩排名后20%的15名员工制订个性化绩效改进计划

P：帮助这些员工在接下来的季度内将业绩提升30%，让他们掌握有效的客户开发与维护技巧

E：形成包含员工当前业绩分析、个性化改进目标（如每月新增客户数量从5个提升至8个）、具体改进措施（每周参加1次销售技巧培训、每天完成3次客户回访）、时间节点（每两周进行进度检查）和考核标准（季度末业绩达成率、客户满意度）的详细文档

5.COAST框架

（1）Context：上下文背景，为对话设定舞台

（2）Objective：目的，描述目标

（3）Action：行动，解释所需行动

（4）Scenario：情况，描述场景

（5）Task：任务，描述任务

示例：

C：公司为广告传媒行业，鉴于技术发展促使工作模式变革，计划逐步推行混合办公模式（每周2天远程办公）。目前员工对远程办公的工作监督、团队协作存在诸多担忧，创意部门担心灵感不足，客户服务部门担心响应客户需求不及时

O：制定混合办公模式推行方案，确保在2025年内，员工接受度达85%以上，不影响项目交付和客户满意度

A：开展员工混合办公意愿与需求调研（设计包含工作时间偏好、沟通工具使用习惯等20个问题的问卷）、制定混合办公管理制度（含考勤、沟通、数据安全规范等制度）、组织分部门培训（针对创意部门增加线上头脑风暴技巧培训，针对客户服务部门强化远程客户沟通流程培训），并进行试点

S：模拟创意团队远程头脑风暴时因沟通不畅导致效率低、客户服务团队远程处理紧急需求等场景

T：输出包含调研分析报告、混合办公管理制度、分部门培训计划、试点运行方案及应急预案的完整推行方案

6.TAG框架

（1）Task：任务，描述任务

（2）Action：行动，解释所需行动

（3）Goal：目标，解释最终目标

示例：

T：优化互联网游戏公司的研发岗位员工福利体系，解决现有福利吸引力不足，导致核心技术人员流失率达15%的问题

A：分析公司现有福利项目（如基础五险一金、年度体检，当前员工满意度仅65%），调研同行业头部游戏公司福利情况（如弹性工作制、游戏项目分红、免费健身房使用率），结合研发岗位特点（高强度工作、对技术提升要求高）设计新福利项目

G：将研发岗位员工福利满意度从65%提升至85%，核心技术人员流失率降低至8%以下；输出包含福利优化前后对比表、新福利项目实施细则的方案

7.RISE框架

（1）Role：角色，指定DeepSeek的角色

（2）Input：输入，描述信息或资源

（3）Steps：步骤，询问详细的步骤

（4）Expectation：期望，描述所需的结果

示例：

R：零售行业HR薪酬体系优化顾问

I：2025年公司各岗位薪酬数据、同地区零售行业薪酬调研报告、公司年度营收增长目标及人力成本预算限制、岗位价值评估结果

S：①分析现有薪酬结构中固定工资与绩效工资比例问题；②根据行业数据和岗位价值重新划分薪酬等级；③制定基于业绩、技能、工龄的调薪机制；④设计薪酬调整过渡方案

E：得到包含薪酬结构表、薪酬等级说明、调薪规则、成本测算表的薪酬体系优化方案

8.TRACE框架

（1）Task：任务，定义特定任务

（2）Request：请求，描述要求

（3）Action：行动，说明需要的操作

（4）Context：上下文，提供上下文信息或情况

（5）Example：示例，举例子说明你想要达成的效果

示例：

T：设计针对中层管理人员的离职面谈流程，要求能深度挖掘离职背后的组织管理问题

R：流程需包含结构化问题和开放式问题，安排资深HRD（人力资源总监）进行面谈，面谈后形成包含离职原因分析及管理改进建议的报告

A：确定面谈前准备事项（收集员工在职期间绩效、参与项目等资料）、设计分层级问题（如对公司战略的看法、团队管理中的困难）、明确面谈后数据整理与报告撰写流程

C：2025年公司近半年有5名中层管理人员离职，表面上离职原因多为个人发展，但存在团队氛围差、晋升机会少等潜在组织问题

E：面谈问题示例："在您管理团队过程中，哪些公司政策或流程阻碍了您达成目标？请举例说明。"提供某中层管理者离职面谈记录作为示例，展示如何从对话中提炼管理问题

9.ERA框架

（1）Expectation：期望，描述所需的结果

（2）Role：角色，指定角色

（3）Action：行动，指定需要采取哪些操作

示例：

E：获得一套能在2025年新员工入职首周内，使企业文化认同度提升40%的沉浸式培训方案

R：企业文化培训专家

A：设计包含企业发展历程VR体验（采购或自制3个关键发展阶段的VR场景）、高管面对面分享会（提前收集新员工关心问题，邀请3位高管针对性解答）、企业文化价值观情景模拟演练（设计5个典型工作场景案例）等环节的培训课程，选择线上线下结合的培训方式（前3天在线上学习理论，后2天在线下互动实践），合理安排每天的培训时间，并制定培训效果评估表（包含10个评估维度，如对企业文化理念的理解程度、培训参与度等）

10. CARE框架

（1）Context：上下文，提供上下文信息或情况

（2）Action：行动，说明需要的操作

（3）Result：结果，描述所需的结果

（4）Example：示例，举例子说明你想要达成的效果

示例：

C：公司为跨境电商企业，2025年因业务拓展需要在45天内招聘30名跨境物流专员，要求候选人具备国际贸易知识、物流系统操作经验及英语四级以上水平，目前市场上该岗位人才竞争激烈，同行业企业薪资待遇较高

A：制定差异化招聘策略（如突出公司海外业务拓展前景、弹性工作制度）、拓展招聘渠道（跨境电商论坛、物流行业社群、校企合作）、设计科学的简历筛选关键词和面试评估表、组织多轮面试（笔试+业务部门初面+HR终面）

R：按时完成招聘任务，招聘到的人员试用期留存率达90%，且岗位胜任力评估达标率100%

E：如在拓展招聘渠道方面，与知名跨境电商论坛合作举办"物流人才线上招聘会"，设置专属岗位投递通道，并展示线上招聘会的宣传文案和页面设计示例

11. ROSES框架

（1）Role：角色，指定角色

（2）Objective：目的，陈述目标

（3）Scenario：情况，描述情况

（4）Expected solution：解决方案，定义所需的结果

（5）Steps：步骤，达到目标所需的步骤

示例：

R：资深HR经理

O：将2025年生产部门核心技术工人流失率从当前的18%降低至10%以内

S：公司生产部门因订单激增，工人加班强度大（平均每月加班超40小时），薪资涨幅未达预期（去年仅增长3%，低于行业平均水平5%），部分技术骨干被竞争对手高薪挖走

E：制定包含薪资调整（基础工资提高10%，设立加班补贴梯度）、职业发展规划（建立内部技术等级认证体系，对应不同晋升通道）、工作环境改善（增加车间通风设备，优化休息区配置）的综合人才保留方案

S：①开展员工满意度和离职倾向调研（设计包含25个问题的问卷，覆盖薪资、职业发展、工作环境等维度）；②设计技能等级与薪资挂钩的薪酬体系；③建立内部技术导师晋升通道；④优化车间工作设备与休息环境

12.PATFU框架

（1）Problem：问题，清晰地表达需要解决的问题

（2）Area：领域，问题所在领域或扮演的角色

（3）Task：任务，解决这个问题需要执行的具体任务

（4）Format：格式，详细定义输出的格式和限制条件

（5）Update：迭代，记录提示词版本并根据输出结果对提示词进行迭代

示例：

P：公司为传统制造业企业，内部晋升机制存在论资排辈现象，导致年轻技术人员晋升困难，近一年技术岗位员工主动离职率达22%，其中30岁以下离职员工数量占65%

A：人力资源管理领域，扮演HR制度优化者角色

T：重新设计基于能力与业绩的公平、透明的技术岗位内部晋升机制

F：以Word文档形式输出，包含晋升机制改革背景、新晋升标准（如专业技能认证、项目成果贡献度，明确规定参与省级以上技术创新项目可加5分）、晋升流程（申请—审核—公示，细化各环节时间节点，申请期为5个工作日）、申诉处理办法及新旧机制过渡方案

U：根据输出的晋升机制方案，若出现技能认证标准难以量化的问题，对提示词进行迭代，补充具体技能考核指标和评分细则